余暇という希望

薗田碩哉

叢文社

「余暇という希望」　目次

序章

余暇という希望

はじめに

余暇というテーマを基本に数十年、ものを考えてきた。余暇から遊び、レジャーやレクリエーション、そのあたりまでを自らの土俵と定め、この土俵へさまざまな問題を呼び込んで、教育問題、労働問題、環境や空間の問題、政治から経済、はては哲学から宗教までも、余暇という眼鏡をかけて見つめようと努めてきた(1)。

余暇というのは文字通り「余った暇」である。この定義は、遥か十六世紀の日葡辞書の「アマルイトマ」まで遡ることのできる由緒正しい定義である。余暇をテーマにしているというと、多くの人は「余った暇」をやってどうするのだ、何か得るところがあるのか、といぶかしい表情をされる。余暇研究などと言おうものなら、それこそ暇人の暇つぶしの最たるものと受け止められてしまう。世人はみな、暇とは目障りな蚊のようにひねり潰すものと理解しているのである。

余った暇の「余」という文字だが、多くの人の連想体系では、これは「余計の余」、あっても仕方のない余りもの、という認識なのであろう。しかし筆者は余暇の余は「余裕の余」であって、あることが望ましく、むしろ人生の大きな課題である「ゆとり」に連なるものだと捉え直したい。そもそも「余剰」というのは事の結果ではなく、事を起こす時の目的である。隙間のない停滞した状態から何ほどかの余りの余裕を広げるためにプロジェクトが起こされる。資金を投資して事業を始めるのは元手を回収した後の余りを獲得するためではないのか。マルクスは労働の剰余価値が資本家に搾取される資本主義のメカニズムを解明し、社会の変革を訴えたのだが、時間の剰余価値に注目して、その獲得を目指すことが社会改革のもう一方の課題ではないのか。以下は、余暇なるものに一縷の希望を託しながら思考しつづけてきた一学徒のつぶやきである。

1　余暇の中核にある自由

余暇について思いを巡らせるといつも浮かんでくるのは「余暇気分」の原体験である。その昔、中学生だったころ、いちばん楽しかった時間は土曜日の昼であった。午前の授業が終わったという解放感、今日はもう何も拘束がなく、明日もまた一日自由な時間だという気分は何にもまして清々しいものだった。この解放感は高校から大学、そして社会人になってからも同様で（週休二日制になってからは金曜日の夕方に移るが）、大学人になって仕事と余暇のけじめがいささかあいまいになるまで続いた。とは言え大学にこの状況がないわけではない。前期・後期の最後の授業が終わった後の気分がこれに当たる。それは心の深いところから湧きあがる喜びで、生きることの嬉しさや楽しさを身体の隅々まで行きわたらせてくれる。私という存在がその本来のありように回帰するという感覚と言えばよいだろうか。

余暇という体験の中核には、自由と解放感がある。この自由は、いわゆる「からの自由」と言われるもので、拘束からの解放、非干渉の自由、言わば消極的な自由である。論者によっては、これに「への自由」を対置させ、何らかの目標に向かう積極的自由、自己実現の自由こそ「自由」なるものの本来のあり方だと主張されるかもしれない[2]。確かに、受刑者が刑務所から出所してほっと安堵している気分の前者の自由に対して、自己主張や自由な表現を求める後者の自由こそ、擁護され追求されるべき重要な課題だと見えるだろう。余暇と自由を結合させるにしても、余暇こそ積極的自由の土台となる基本的な資源であるという論を立てることもできよう。

しかし、筆者は敢えて解放奴隷の心情に近いような「消極的自由」の人間的な価値にこだわってみたい。毎日忙しく働く人々が仕事を終えて「余暇」の領域に越境した時、人々の心に去来する深い安堵感こそ自由の原形質だと思うからである。自由論の泰斗バーリンも言っている。「自由の基本的な意味は、鎖からの、投獄からの、他人への隷属からの自由であり、これ以外の意味は、その意味の拡張か、さもなければ比喩である[3]」。バーリンはこう述べて消極的自由の価値を擁護したわけだが、現在、少なくともこの日本では鎖や投獄が市民の日常の脅威ではないかもしれない。しかし、他人への隷属、とくに職場への隷属は勤労者の日常を支配している。新自由主義が蔓延してきたこの二十年ほど、競争原理に駆り立てられて、企業でも官庁でも働く人々への抑圧は強化されてきた。その故に、働くこと（もっと広げて何らかの社会的な義務を果たすこと）から脱出して、何にもない、何でもない空白の時間に身を解き放つ時、だれもが「我に返る」ような気分を味わう。労働の中で見失っていた「我」が取り戻されるのが余暇の時ではないか。

「忙しい」という文字は、心と亡からなっている。心は滅亡してそこにない、茫然自失の状態が「忙」なのだが、勤勉な日本人は「忙しい」ことが大好きで、「お忙しい」という言葉をほとんど誉め言葉にしている（逆に「お暇でしょう」と言われたら、それは非難か軽蔑と取られるだろう）。多忙こそ働く人々の常態である。ラテン語では余暇＝otium に否定辞が付いた negotium が仕事を意味する（英語で言う negotiation）のも同じ事情を表わしている。仕事は余暇の否定であり、逆に言えば余暇は仕事からの脱出である。仕事の中で失われた我を取り戻し、さまざまなしがらみから逃れ、たった一人になって改めて生きている自分を実感するところに余暇の存在理由がある。何かをするための余暇ではなく、私の容れ物としての、ただそれだけの意味しかない余暇という時間に出会うこと、そこにあらゆる自由の根源がある(4)。

ここで一言しておかねばならないのは、余暇の自由は仕事の忌避や破壊を目指すものではないということである。仕事がどうにも嫌いで、二度と働きたくないのなら退職すればいいのだし、自ら望まなくても会社の都合で失業させられることもある。しかし生活を脅かす失業が自由どころか自由の剥奪であることは論を俟たない。余暇の自由は仕事から離脱する自由であるとともに、またそこに回帰する自由でもある(5)。回帰するぐらいなら始めから仕事に止まればいいという人もあるかもしれない。実際、仕事にはまり込んで中毒症状を起こし、ついには過労死に至る日本人が後を絶たない。健全な生活のサイクルは、仕事と仕事の間に余暇という楔を打ち込み、仕事の暴走を差し止め、仕事の適切な位置づけを行うことによって初めて可能になる。

経済大国をもって任ずるわが日本は、残念ながら世界に冠たる余暇貧国である。勤労者の余暇を規定する要因としての労働時間は長く、休日・休暇は貧弱である。それも制度が保証する休みを消化しきれない（有給休暇消化率は相変わらず50％に届かない）ことからして、余暇への希求が（たとえあったにしろ）抑圧されていると断ぜざるを得ない。この国では、ミヒャエル・エンデの『モモ』に登場する時間泥棒＝灰色の男たちが暗躍して、人々の自由の基礎が掘り崩されているのである(6)。エンデの物語では、不思議な少女モモの活躍で灰色の男たちのたくらみは打ち砕かれ、人々は再び長閑な暮らしを取り戻すことができるのだが、しかし、日本では「モモ」はいったいどこにいるのだろう。

2　余暇がもたらす「つながり」

前項の論議から言えば余暇は孤独の時である。誰でもないこの私、世界にたった一人しかいない私という「実存」に回帰する時が余暇であった。私は突き詰めて言えば徹底して一人である。私の感じること、考えることを真に理解できる他者は一人も存在しない。家族も友人も私の喜びを、ましてや苦しみを共有できはしない。個としての人間はまた「孤」であるほかはない。

この認識を徹底することによって、そこから反転する可能性が見えてくる。私が徹底的に孤独であるからこそ、私は他者との「つながり」を求めるのである。孤が孤のまま自閉してしまったのでは、人は生きる意味を見失うであろう。そもそも現実問題として私たちは一人で生きて行けるわけではない。誰かと交わり、徒党を組み、何らかの組織に参加して生きる糧を得るのである。とは言え、生きるために連帯したとしても、人は心中の孤独を簡単に払い捨てることはできない。職場の集団は仮装の交わりに過ぎない、と感じる人は少なくないだろう。仲間とともに話したり笑ったりしたとしても、それは上辺の「つきあい」であって、自分の真実の心はそこにはないのだ、という思いを誰しも一度や二度は抱いたことがあるだろう。それは仕事のつながりが食べて行くための手段的なつながりだからである。人はそれとは次元の違う、それ自体が目的であるような別種のつながりを求めている。

余暇の存在理由は、人と人の「出会い」の時になり得るということにある。その出会いは通り一遍の知り合いになるという程度のことではなく、人間関係学の文脈で言えば「エンカウンター」[7]であり、古典的な言い方をすれば一期一会の出会いである。その出会いを契機として、お互いが抱える孤独の深淵の底から呼びかけ合いが行われ、それぞれの実存に迫る深い交わりが生まれるような出会いである。

そうした出会いはまさしく余暇の中から生じる。余暇ではない仕事の中の出会い――それは日々無数に総じている出会いだが――は、たがいの実存の深みに届かない。仕事は利害交錯する場で行われ、そこでの出会いは基本的には取引に過ぎない。互いに相手を自らの利益のための手段と見なし、そこから最大限の利得をひき出そうとするような出会いである。余暇の出会いはそれとは違って、マルチン・ブーバー風に言えば、相手を〈それ〉としてモノ扱いする＝手段化するような出会いではなくて、相手を〈われ〉と同等の〈なんじ〉として扱うような出会いである。ブーバーは〈われ〉と〈なんじ〉の全人格的な呼びかけと出会いを通じて人間性の全き回復が可能となるとしているが[8]、そうした出会いを可能にするのが自由な時間としての余暇である。

余暇の自由とは、人との出会いの自由と置き換えることができる。余暇はあらゆる義務や拘束からの自由であり、換言すれば既存の人間関係からの自由である。余暇において実存に回帰した人間は、全く何の縛りも持っていないがゆえに、原理的にあらゆる人と新たな関係を取り結ぶ自由を持っている。バーリンが「行為者の前に複数の扉が開かれており、選択が可能であるということ。これは、行為者が自由であるための最低限の条件である」と言っていることを踏まえれば、余暇の自由は相手を選ぶ自由でもある。

家族や同僚など身近な人との関わりは、喜びや楽しさの源泉でもあるが、反面ではさまざまなストレスを引き起こす元凶ともなる。およそ人の抱えるトラブルの大半は身近な人間関係のもつれにある。一たび争いが生ずると身近であるだけに泥沼化しやすいというのは、夫婦喧嘩をはじめ、よくある話である。そんな状況に疲れた時、人は休暇を取り、一切の近しい関係から離れて（それには旅に出ることがいちばんだが）、全く別種な関わりを持とうとする。旅は人間関係のトラブルを癒す格好の方法である。失恋の痛手を癒そうとしてこれまでどれだけ多くの人が旅に出たことだろう。そして思いがけない出会いによって励まされ、勇気づけられもしただろう。行きずりに出会った人と意気投合して話し込むという体験は多くの人が持っている。行きずりであるから、ほとんどの場合は別れればそのまま、もはや連絡し合うこともないのが一般であろう。だからと言ってその関係が浅いものだとは一概には決められない。短い時間にもせよ、案外と深い、心の底を覗きこみ合うような話をしていたりすることも少なくないのである。外国旅行の折り、飛行機に隣り合って座った見ず知らずの人に心の悩みを打ち明けるという体験をしたことはないだろうか。国際便の長い搭乗時間、閉ざされた狭い空間での、一回限りの出会いという稀有な条件が独特の心のふれあいをもたらすのである(9)。

余暇は、現実にある「しがらみ」から離れた別種のコミュニケーションを生み出し、新しい「つながり」を紡ぐ時間である。そしてこのつながりは一人から二人へ、多数へと展開していく可能性がある。何人かの人が自らの余暇を持ち寄り、それを同調させる=余暇の共時化を行うと、そこに一つの新しい「つどい」ができる。これがクラブとかサロンとかサークルとか呼ばれる自由な余暇集団である。これらの集いがこれまでの歴史の中で大きな役割を果てしてきたことは、コーヒーハウスに始まるイギリスのクラブや宮廷の女性たちが生み出したフランスのサロン(10)や、もっと近くで言えば、第二次大戦後の日本で民主主義の実践の舞台となったサークル活動(11)など、興味深い事例に事欠かない。これらの余暇集団のあり様を考えると、事は政治の問題に接続する。

3　政治の背後にある余暇

余暇は政治の揺籃である。古い話から始めよう。古典ギリシャの自由民たちは、多くの奴隷の労働に支えられて、あらゆる拘束労働から解放され、有り余る余暇（スコレー）を持っていた。彼らはそれを何に使ったのだろうか。一つは身体を鍛えるスポーツである。支配者たる彼らは戦士として肉体を練磨するためにスポーツに打ち込み、均整のとれた美しい肉体を作りあげた。ギリシャ各地から戦士たちが集まってオリンポスの神殿に捧げられた競技が、近代オリンピック競技の起源であることは周知のことである。第二は学問と芸術である。余暇を土台にしたソクラテスの対話が「知を愛する」フィロソフィーを生み出し、スコレーという用語がラテン語のスコラ（学校）になり、欧米語の school（英）、Schule（独）、école（仏）等になったことはよく知られている。ギリシャの詩も悲劇と喜劇も、自由民の余暇を土壌として花開いたのである。そして第三は「政治」である。自由民たちは自由な時間に自由な論議を戦わせ、都市国家＝ポリスの政治を取り仕切った（そこで politic という用語が「政治」という概念を生み出した）[12]。余暇は政治を支える土台なのである。

日本の話に戻ろう。「床屋政談」という言葉があるように、古来、暇な男たちは床屋や酒場のような溜り場に集まって世間の動きやら世態風俗やらを論《あげつら》うのを好んでいた。対する女性たちも「井戸端会議」と言われる噂話の交換会に打ち込んでいた。政治というものを広義に捉え「人々の暮らしを円滑にするために行われる意見の調整や駆け引き」と考えるなら、政治は家庭にも職場にも地域社会にも、それなりの仕方で行われている。向う三軒両隣の住人の暮らしぶりを話題にしたり、「お上」のご政道を批判したりするのは政治活動の出発点である。その上に、身近な「政治」の仕組みとしてまずは町内会や自治会、マンションの管理組合があり、年齢階層別には子ども会から青年会、婦人会や老人会があり、目的別には消防団のような防災組織もある。学校には昔からＰＴＡという父母参加の仕組みがあり、最近は「学校評議会」を設けて学校の運営自体に市民が関わる方式が取られるようになった。こうした地域組織を背景に市町村—都道府県の地方議会があり、さらには衆参両院の国会がある。仕組みとしては近代民主国家の体裁はみごとに整っているかに見える。

しかし、その実態はどうだろうか。現代日本人の政治参加は総じて低レベルと言わざるを得ない。それは地域の自治会から国政まで一貫している。市民組織への関心はまことに低く、集まる人はほんの一握りである。どの組織も会員の減少に悩み、とくに役員になって組織の運営を引き受けるメンバーが出てこないことに危機感を持っている。自治体や国政選挙の投票率は呆れるほど低い。政権交代が現実になって空前の盛り上がりを見せた二〇〇九年衆院選でも得票率は七割に届かなかった。争点もはっきりしない、現職絶対有利のような地方選に至っては得票率が三分の一にも満たないような場合さえある。棄権もまた政治参加というのは言い逃れで、支持する候補者がいなくても選挙に出てきて白票を投じるのが政治参加というものである。

なぜ私たちは政治から疎外されているのか、あるいは政治を疎外しているのか。家庭や職場のような日常的世界には確かに「政治」があって、誰しも否応なくその動きに巻き込まれているのだが、それらの身の回りの政治は私的な回路に閉じ込められて外の世界を発見できていない。わが家の家計のこと、職場の軋轢、世間を騒がすもろもろの事件、すべてはわれわれの住む社会と深くかかわる政治問題だという視点が発見できないからである。人々の思いは日常に封じ込められて空しく回転し、垣根の外のことはそれが原発問題であろうが国際政治の問題であろうが「私とはカンケーない」世界の出来事にしか見えない。

私たちはなぜ先進国でも低水準の政治意識しか持ちえないのだろうか。それは筆者に言わせれば偏に私たちが政治の土台である余暇に恵まれていないからである。政治を行うためには多忙からの解放が必須である。この社会のどこに問題があり、その解決策は那辺にあるのかという論議を延々と飽きるくらい語り尽くすほどの暇がなければ、私たちが政治の難しさや面白さや、それらを包み込む政治の真の重要性に気づくことはできない。

現在の選挙は日曜日に行われる。日曜日は庶民にとって貴重な休みの時である。その休みをつぶして（一部と言えども）投票所に行くという行為はレジャーの選択肢の一つ、それもあまり魅力的とは言えない選択肢である。「たまの休みなんだから」と家で寝ているか、もっと刺激的なレジャーを求めてパチンコ屋に走るというのも意味ある選択ということになろう。選挙が公民にとって重要な権利であり義務でもあるというなら、投票日は平日に、それも特別休暇にして（もちろんレジャー施設も休みにして）、国民あげて政治談議に花を咲かせ、こぞって選挙に参加する日にすべきだろう。

余暇を政治と結合する場として、床屋や井戸端が機能しなくなった現代において、それに代わる「コミュニティ・カフェ」という試みが登場している[13]。これは地域に気楽に集まることのできるたまり場を用意し、「カフェ」の茶飲み話に花を咲かせようという意図で作られている。普通の喫茶店と違って、設立したのは市民の有志で、運営形態も協同型というのが一般で、NPOの認証を受けているところも多い。無縁社会に陥って、隣人が亡くなって白骨になっていても誰も気づかないような人間砂漠が広がる現在、近隣のつながりを少しでも回復して、地域の支えあいを取り戻そうというのである。その意義を評価して行政が支援しているところも少なくない。

筆者自身も、日野市のコミュニティ・カフェの一つである市内・百草団地の「ふれあいサロン」に創設以来関わってきた[14]。団地の中央にある商店街が衰微し、一軒の蕎麦屋がつぶれた後を市が都の助成金を利用して改造し、サロンに仕立てた。平日の昼間は毎日やっていて、コーヒー百円お替り自由、運営は地元のボランティアで、客は中高年が圧倒的だが、毎日そこそこ賑わっている。このサロンで毎月一度、筆者の勤務する実践女子短大生活福祉学科の学生がプログラムを提供してきた。季節の行事をテーマに、歌ありゲームありクイズあり、簡単なクラフトやお団子づくりもあり、おしまいは地元住民と学生たちの世代を越えた談話を楽しむという趣向である。プログラムが発展し、常連客が参加した寸劇がサロンで上演された。介護保険の値上げのあおりを喰って餌をもらえなくなった野良猫たちが反乱を起こすという筋書で、抱腹絶倒のドタバタ劇だが、なかなか風刺的である。サロンを舞台に国政批判が愉快に展開されるというのは余暇の政治化の微笑ましい事例であろう(15)。

最近、コミュニティ・カフェがさらに進化した「哲学カフェ」も登場した。「哲学」という冠をつけて、テーマを設けてじっくりと対話を進め、徹底討論をしようという場である。フランスで始まった「ソクラテス・カフェ」が起源のようだが、この呼称から読みとれるように、ソクラテスの対話を現代に取り戻そうという意図がある。外国で流行ると何でも貪欲に取り入れるわが国の伝で、あちこちで「哲学カフェ」の取り組みが始められているらしい。哲学と言っても高邁な議論に血道を上げるのではなく、日常の問題を、しかし、大きな視野を持って論議しようというのである。それこそ、かつてソクラテスが「愛智＝フィロソフィー」

の名前で追求したことである。日常生活の背後にある問題点を掘り下げる議論の場は、人々の政治的な関心を高める場として機能するはずである。酒場の論議のように酔いとともに雲散霧消する論議でなく、そこから得られた知見が発信され（そのためのツールはTwitterにしてもFacebookにしても誰もが使いこなせるものになっている）、別の場所に新たな議論の場が広がっていくなら、「哲学カフェ」はわが国の政治文化を高める上で大きな役割を果たすことができるかもしれない[16]。それにしても忙しい働き手たちにカフェに集まることのできる余暇を保証することが先決であろう。

4　余暇と宗教の世界

再び論議を戻して、余暇の余暇たる所以、無為なる時間としての余暇に帰ろう。余暇があると誰もがぼんやりする。ぼんやり何かを考える[17]。時にはその考えが思いがけず広がって、わが身の来し方行く末に及ぶこともある。その時、大自然に抱かれた静かな環境にでも身を置いていれば、想念はさらに拡大して、人生とは何だろうか、人間とはいかなる存在なのか、というような途方もないことが脳裏に浮かんでくるかもしれない。

余暇は瞑想の時である。あるいは祈りの時と言ってもいい。静かに思いを凝らして人の世のことわが身のことを問い詰めたり、あるいは神のような至高の存在に向かって語りかけるという行為は、余暇の大切な役割の一つである。ヨゼフ・ピーパーは人間の価値を生きることの意味や世界のあり方に思いを巡らすことができることに求め、祈りや瞑想を行うことこそ余暇の究極の意義であると述べている[18]。

さまざまな宗教は余暇を原資にして成立したのである。モーセの十戒の一つに「汝ら安息日を聖とすべし」というのがある。神に捧げる日である安息日は、働くことが禁じられた「余暇の日」であった。『創世記』によれば神が天地を創造するには第一の日から第六の日まで六日を要し、最後の七日目に休息を取られたという[19]。安息日はこのことに由来して定められた休日で、ユダヤ教の戒律では、この日にはいかなる労働も行ってはならず、これに反すればかつては死罪に処せられたと言う。キリスト教ではそれほど厳格ではないようだが、安息日に当たる日曜日は、晴れ着を着て家族そろって教会に集まり礼拝を行う聖なる日である。だからこそ日曜日はカレンダーで赤く塗られている。収入を得るための労働を行ってはならず、礼拝の後は家族でレストランを訪れて食事をしたり、教会でも信者同士が交流するレクリエーションが行われたりする。神のもとにある聖なる時間に続いて、人々が楽しく交わる遊なる時間が設けられているのは、日本の祭礼で、厳かな儀式につづいて直会の饗宴や歌舞の奉納や勇壮な身体演技（綱引きとか玉の奪い合いとか）が行われ、人々が思い切り楽しむことと同形と言えよう(20)。

余暇は宗教の基盤であり、その「聖性」と「遊性」の両面から宗教を支えている。働くことをいったん断ち切らなければ、人間を越えるものとの対話を行うことはできず、また、集団の力を借りて人々の生きるエネルギーを解放し、日常から脱出した大かかりな遊びを実現することもできない。

現代の日本においては宗教の存在感は大きくない。仏教は葬式仏教に堕して日常の倫理生活に対してほとんど影響力を持っていないし、神道も正月や七五三のような行事に矮小化されて、国家神道に統合される以前の自然神道が持っていた、自然と人間との深い関わりを荘厳するエネルギーを失っている。キリスト教に至っては、明治の近代化に随伴して西欧思想の定着に一役買ったとはいうものの、信者の数は百万人程度とされ、驚くほど少ない。クリスマスはもちろん、復活祭（イースター）から最近はハロウィンのような行事までもが日本人の生活に入ってきているにもかかわらず、それらは単なる季節のイベントで、宗教的意味合いは全く理解されていない。宗教の聖性の面でなく遊性の面だけを受容するというのが日本文化の特徴なのかもしれない。

日本の宗教が全般に力を失っているのは余暇という土台の脆弱さにその一因があるにちがいないと筆者は考えている。心も身体も消耗させる多忙な仕事に追いまくられる人々の中では、神様と言えども居場所を見つけることが難しいだろう。十分な余暇があって閑居を楽しむ生活の中に、ほのかに姿を現すのが神や仏のありようである。高齢者になると神社仏閣を訪ね歩く人が増え、キリスト教に入信したり、新宗教に帰依したり総じて信心深くなる傾向があるのは、あながち死の予感に囚われて神仏の救いを求めるというだけではない。余暇が一気に拡大する高齢期において、余暇の必然的なあり方として宗教的なものへの親近感が増すからだと思われる。

若い世代にとっても、忙しく働く勤労世代にとっても、この混迷の時代に宗教がもっと大きな意味を持っていいはずである。「神は死んだ」とニーチェが喝破して以来、現代人の多くは（イスラム世界を除いて）無神論、無宗教に傾いている。しかし、神はなくても宗教はありうる(21)。神を打倒して人間が世界の主人公になるという野望は、地球そのものによって拒否された。地球がほんの少し身震いすれば、人間が築いた文明などひとたまりもなく破壊される。宇宙から巨大な隕石が飛んできて地球に激突すれば、かつての恐竜たちのように人間もまたあえなく絶滅していくであろう。大宇宙の前に人間という存在がまことに卑小であることに思い至る時、それは宗教的な心情に限りなく近づいている。人間を越えるもの、至高なるもの、永遠なるものにわが身をささげることによって、私たちは深い癒しを得ることができる。精神的に不安定な人々が増え続け、ニヒリズムが拡大し、鬱病のような心の病に陥る人が増加する中で、宗教の力を回復することには大きな可能性がある。その実現のために余暇の存在感を増すことは欠かせない条件である。

おわりに――希望はどこにあるのか

3・11の未曽有の大災害――地震、津波に原発事故の三打撃が日本社会に与えた爪痕は深く、また広い。ここからの復興には長い時間がかかるだろう。その過程でわれわれの生活のスタイルや価値観が根底から問い直されることは必至である。

私たちはこの半世紀ほどの間にまことに便利で快適な暮らしを実現したわけだが、大災害はその文明生活の脆さや危うさを白日の下に晒け出した。自然を破壊し、農業を捨て、伝統文化を忘れ、あまつさえ地域の人の繋がりさえ等閑視する「無縁社会」の中で人間が幸せに生きられるはずもない。私たちが全幅の信頼を寄せてきた科学技術なるものも決して万能ではありえなかった。とくに原子力発電においては、政府と電力会社と一部の御用学者たちが一体となって人々に信じ込ませて来た安全神話が崩壊した。物理学者の山本義隆氏によれば、人間がコントロールできるはずのない「核力」に手を出したのがそもそもの間違いであったという[22]。化学反応のように原子と原子の結合を操作するくらいならまだ人間の手の内にあった技術を、原子の構造そのものに踏み込んでこれを分裂させるまで進めたのは、人間の能力の限界を超えた暴挙であった。分裂の際の強大なエネルギーを取り出すことはできても、そこから必然的に生ずる放射性廃棄物――その中には何千、何万年も放射能を出し続けるものさえある――を人間は制御しえないのである。

近代化とともに始まった科学技術の進歩、それに支えられた産業社会の進展、どこまでも成長を続ける経済――こうした右肩上がりのベクトルにストップをかけ、方向を転じなければ人類の未来は危うくなる。すでに地球の温暖化が不気味に進行し、それと関連するような自然災害が増えている。増大する人口を支えきれない飢餓の時代も始まっている。人類が勝手に作り出した廃棄物が地球を覆い、海は汚染され陸上の緑は急速に縮小している。その上、世界経済は混迷の度を増し、国家レベルでの経済破綻が現実のものとなっている。いったいこの先の世界に希望はあるのだろうか。

希望があるとすれば、それは、これからの社会がモノに支配される暮らしから脱却し、人間らしい人間の心を、人間同士の利害を越えた絆を、そして自然と人間との幸福な関係を取りもどすことができるかどうかにかかっている[23]。そしてその希望の原資は余暇という自由、余暇を元手にしたさまざまなつながりにある。労働を軸足に置いた産業社会の行き詰まりに直面して、私たちは余暇に軸足を移した生活と社会を構想し、その先に仄見える希望に賭けるしかあるまい。

【註】

（1）筆者のこれまでの主要な著作を年代順に並べてみると『遊びの構造論』1983年、『デザインする時間』1993年、『余暇生活論』1994年、『遊びの文化論』1996年、『余暇学への招待』1999年、『遊びと仕事の人間学』2004年、『余暇の論理』2008年、『日本社会とレクリエーション運動』2009年、となって余暇と遊びのオンパレードである。思えばよくも飽きもせず余暇や遊びと付きあってきたものである。

（2）「からの自由」と「への自由」を含めて、「自由」という問題は古今東西の多くの哲学者・思想家によって論じられてきた。その全貌を俯瞰するには斉藤純一『自由』がコンパクトで便利な本である。

（3）バーリンはまたこうも言っている。「自由の擁護とは、干渉を防ぐという「消極的」な目標に存する。そのひとのまえの他のすべての扉を閉ざしてしまってただひとつの扉だけを開けておくこと、それは、その開いている扉のさし示す前途がいかに立派なものであり、またそのようにしつらえたひとびとの動機がいかに親切なものであったにしても、かれが人間である、自分自身で生きるべき生活をもった存在であるという真実に対して罪を犯すことである。」『自由論』小川晃一他訳 PP.312-313

（4）西欧の考え方の中で「余暇における自由」は重要な位置を占める。世界人権宣言の「余暇権」の条項を補強するものとして、国際レクリエーション協会が1970年に定めた「レジャー憲章」を見ると、第1条のレジャーの権利宣言に続く第2条は、「個人の自由」を打ち出してこう述べる。「完全な自由のもとにレジャーを享受する権利は絶対的なものである。個人的なレジャーの追求に必要な諸条件は、レジャーの集団享受の場合と同程度に保護されなければならない。」

（5）仕事からの離脱と仕事への回帰という相反する方向性が、労働―遊びのダイナミクスな構造を支えているというのは、『遊びの構造論』（1983年）で展開して以来、筆者の余暇・遊び論の基本的な枠組みである。用語としては仕事から離脱する局面を現わすのが「レジャー」であり、仕事への回帰の局面を示すのが「レクリエーション」であって、両者は相補的な関係にあると考えてきた。

（6）ミヒャエル・エンデの『モモ』は、近代化・産業化が人間の時間をいかに変質させてしまったかを象徴的に表現した優れた寓話である。この事情を若手の余暇研究者である橋爪大輝は、灰色の男たちの資本主義的な時間性を、モモが体現する自由で余暇的な時間性と対比して明快に論じている。「余暇の時間性―M・エンデ『モモ』から―」日本余暇学会『余暇学研究』第14号、2010年、参照。

（7）人と人との真の出会いを体験するために「グループ・エンカウンター」という方法がある。隔離された小集団でともに一定の時間を過ごし、そこで生起するさまざまな経験を通じて、自己を発見し、同時に他者を見直そうというプログラムである。筆者も「グループワーク・トレーニング」と名付けた独自のエンカウンター活動を長く行ってきたが、日本では集中的なグループ体験と言っても二泊三日がいいところで、それ以上の日数を取ることは滅多にない。勤労者には長期の休暇を取ることが難しいからである。学校のキャンプ活動を見ても、三泊を越えるものは少ない。ここにも余暇貧乏が影を落としている。

（8）ブーバーの「我とそれ」「我と汝」という二つの対人関係の対比を初めて読んだ時の衝撃は忘れ難い。考えてみると自分は対する人間の誰をも「それ」に貶めて、本当に「汝」として接したことがあったのかと深く反省させられたからである。ブーバーはユダヤ教の宗教学者であったが、紛争が続くイスラエルとアラブの和解に奔走し、両民族から同等に尊敬を集めたと言う。思想や宗教を越えて「汝」との対話を生涯にわたって続けた稀有な存在だった。

（9）現代においては新たな「出会い」はわざわざ旅に出かけなくても、インターネットの大海に泳ぎ出れば得られるのかもしれない。ネット上に氾濫する「出会い系サイト」がそれを示している。

（10）パブやコーヒーハウスを起源とするイギリスのクラブは、紳士の社交の場として〈男性原理〉が支配していたのに対し、宮廷の女性たちの私的な集まりから始まったフランスのサロンは〈女性原理〉だとされる。しかし両者ともメンバー同士の対等な関係が重んじられる社交の場であった。薗田『余暇の論理』第1章3．「余暇とクラブライフ」参照。

(11)日本の戦後史を彩る多彩なサークル活動の展開については、天野正子『「つきあい」の戦後史』吉川弘文館 2005年、に詳述されている。戦後の民主化の流れと相携えて隆盛を見たサークル運動は1955年前後にピークを迎え、その後は拡散する。高度成長期には、余暇型・趣味型のサークルが広がり、リブ運動など女性たちの社会的な主張に添った新たなサークルも誕生する。そしてこれらは今日のNPO活動やさまざまなネットワークにつながっていると見られる。

(12)『政治学』と訳されているアリストテレス著作のもともとのギリシャ語は「ポリティカ」であり、「ポリスのこと」という意味である。そこには次のような記述がある。「正しく治められようとする国においては生活に必要なるものに煩わされない閑暇が存しなくてはならない（第2巻第9章）」。「徳が生じてくるためにも、政治的行為をするためにも閑暇を必要とする（第7巻第9章）」。（山本三男訳、岩波文庫）

(13)コミュニティ・カフェは、市民主導で作られた地域の「たまり場」で、高齢者の居場所づくりをねらいとするものと、幼児を抱えた若い母親をターゲットに子育て支援を目指すものが主流のようだ。公益社団法人長寿社会文化協会（WAC）は、全国のコミュニティ・カフェの情報交流とネットワークづくりを目指しており、『コミュニティ・カフェをつくろう！』という手引書も出している（学陽書房刊、2007年）。

(14)日野市は2004年に策定された「日野市健康増進計画」や2005年の「高齢者保健福祉計画」の中で高齢者の見守りの重要性を指摘し、それを受けて「高齢者見守り支援ネットワーク事業」が進められてきた。その中で「ふれあい交流型」の活動が打ち出され、「ふれあいサロン」の第一号が2008年4月に百草団地に設置された。筆者は当初から見守り支援ネットワークの運営委員長を務め、百草ふれあいサロンにも学生たちとともに関わってきた。

(15)「ものぐさ団地」の野良猫たちが活躍する「猫の恩返し」は「観客参加型創作スタンツ」と銘打って、2010年11月から翌年2月まで三回にわたって上演され、やんやの喝采を浴びた。ふれあいサロンの関係者を始め、実践女子短大の学生も演技に参加した。台本とプロデュースは湊道子氏（実践女子短大講師「社会福祉とボランティア」担当）。

(16)小川仁志『日本を再生！ご近所の公共哲学』（技術評論社、2011年）は、無縁社会を乗り越えて日本社会を蘇らせるために、身近な問題を社会につなげて考える「哲学カフェ」の可能性を検討したユニークな本である。著者自身、山口県の小さな町で哲学カフェを土台に映画祭を興したりする実践家で、「ご近所よ、哲学せよ!」と訴えている。

(17) 岩波新書に『ぼんやりの時間』という本がある。著者の辰野和男は朝日新聞の社会部で活躍した記者だった。その彼が「ぼんやり礼讃」を書いたのが面白い。この中に「むだな時間はむだか」という項があって、エンデの『モモ』を引きながら無駄な時間の価値を説いている。

(18) ピーパーは『余暇と祝祭』の中で、アリストテレスの「閑暇こそ中心にあってすべてはそのまわりを巡っている」という言葉を引用して労働中心の世界観を批判する。ピーパーに言わせると余暇は瞑想(コンテンプラチオ)の時であり、怠惰と対立する。常識からすれば余暇こそ、のんびり怠けている時間ということになるが、ピーパーの余暇は至高な存在との対話を行う最も充実した時間なのであり、そういう余暇を顧みないで働く人こそ怠惰なのだという。

(19) 旧約聖書冒頭の「創世記」にはこうある。「第七の日に、神は御自分の仕事を完成され、御自分の仕事を離れ、安息なさった(2章 2節)。この日に神はすべての創造の仕事を離れ、安息なさったので、第七の日を神は祝福し、聖別された(同3節)。」神が休まれた日は聖なる日なのである。人間はそのことを忘れてはならない。

(20) 日本の伝統的な祭りにおいては、厳かな神事と爆発的な遊戯との対照が見事である。神事は神社によってさまざまな違いがあるにしろ、単純で閑雅に進行する。他方、一夜明けての奉納行事は、大綱を引きあったり、裸の男たちが玉を奪い合ったり、大木を伐り出しそれにまたがって急な斜面を滑り落ちる諏訪大社の御柱祭のような危険極まりないものさえある。生のエネルギーの奔出とでもいうべき雄大な遊びと言える。

(21) 日本人の大多数は特定の神を信仰していない。しかし、宗教心が皆無というわけではなく、初詣に神社に参って参拝したり、旅に出て由緒ある古刹を訪れて感動したり、結婚式になればキリスト教風の誓いを立てたくなる。このいい加減さをあえて評価すれば宗教的寛容ということになる。日本の風土では宗教対立が激しく燃え盛ることは考えにくい。むしろすべての宗教にそれなりの出番を与えて包含しようとする。この態度は今後の宗教のあり方を考える上で一つの示唆を与えるものではなかろうか。

(22) 山本義隆氏は1970年代の学生反乱の時代に東大全共闘の輝ける議長として権力と対峙した人物である。物理学の優秀な研究者であった彼は、その後、予備校の講師として生きる傍ら著作に打ち込み、『磁力と重力の発見』（みすず書房、2003年）でパピルス賞、毎日出版文化賞、大仏次郎賞を受賞した。氏の科学技術幻想肥大化への批判は説得力に富む。

(23) 戦後の日本社会はハングリー精神を失ったが、代わりに「暇」を獲得した。しかもそれは物理的な時間の余裕ではなくて、精神の余裕であるとし、暇を土台にした参加型社会の構想を打ち出しているのは橘川幸夫『暇つぶしの時代』である。この著者も、成熟した工業社会におけるライフスタイルの中で、地域生活の重要性を強調している。

【参考文献】

(1) アリストテレス、山本三男訳『政治学』岩波文庫、1961年
(2) イザイア・バーリン、小川晃一他訳『自由論Ⅰ、Ⅱ』みすず書房、1971年
(3) マルティン・ブーバー、植田重雄訳『我と汝・対話』岩波文庫、1979年
(4) ヨゼフ・ピーパー、稲垣良典訳『余暇と祝祭』講談社学術文庫、1988年
(5) 橘川幸夫『暇つぶしの時代―さよなら競争社会』平凡社、2003年
(6) クリストファー・フィリップス、森丘道訳『ソクラテス・カフェにようこそ』光文社、2003年
(7) 斉藤純一『自由』岩波書店、2005年
(8) 辰野和男『ぼんやりの時間』岩波新書、2010年
(9) 小川仁志『ご近所の公共哲学』技術評論社、2011年
(10) 山崎亮『コミュニティデザイン―人がつながるしくみをつくる』学芸出版社、2011年
(11) 山本義隆『福島の原発事故をめぐって』みすず書房、2011年
(12) 薗田碩哉『遊びの構造論』不昧堂出版、1983年
(13) 薗田碩哉『余暇の論理』叢文社、2008年

第一章

時間・余暇・労働

時間の経済学

論者は「余暇問題」が専門であり「暇なること」を限りなく愛している。「先生はお忙しいですね」などと言われると、相手はどうやら論者の有能ぶりを誉めてくれたようなのだが一向に嬉しくはない。「余暇で忙しい」などという台詞は形容矛盾も甚だしいからである。そもそも世の多くの人々は「暇つぶし」などと言い慣わして、暇を見つけたらひねりつぶすに如くはないとお考えのようだが、暇の方から言えばそんなに簡単に潰されていいわけはない。暇を潰そうとするのはそれが無為、無益なものと見えるからであろうが、暇こそは、無為であるが故に人を未知の可能性に向かって開く舞台となり得るのだし、また無益であるが故に何ものにも束縛されない人間的な自由の種となり得る。暇という時間こそ人間の生きる支え、あるいは生命の原動力なのだ。そしてこの暇のあり方を徹底して追い求めるのが経済学の使命ではないかというのがこの小論の趣旨である。

1　経済学とは「斉家学」である

言うまでもなく経済学は「エコノミー」の訳語である。エコノミーの語源をギリシャにまで遡れば、語根 eco- はギリシャ語のオイコスοικος、つまり「家」ということであり、後半の -nomos はノモスνομος、つまり法であり掟である。エコノミーとは取りも直さず、家を律する掟のことなのであった。ついでにエコノミーとよく似た語に「エコロジー」があるが、これはオイコス＋ロゴスλογοςであり、ロゴスは言葉であり論理である。家の論理がエコロジーなのである。当時のギリシャで家と言えばもちろん大家族である。家長も家族も奴隷も含んだ生活共同体を治めていくための智恵と約束事がエコロジーとエコノミーという概念を生み出したと言える。

この語を日本語に置き換えるについて「経済」という用語を持ってきたのはいささかミスマッチだったのではないか。「経済」のもともとは「経世済民」で「国を治め人民を救うこと」（広辞苑）というのだが、これでは話が大きくなりすぎて「家＝オイコス」という視点が消えてしまっている。ここは例の「修身斉家治国平天下」という君子の徳目を引っぱり出して考え直してみるべきだ。「修身」はわが身の修養に関わるからこれは「倫理学」だろう。次の「斉家」は「一家をととのえおさめること」（広辞苑）だから、これこそまさにオイコスの経済学である。

ついでに「治国」は政治学にあたり、「平天下」は哲学と言ってもよかろう。ともあれエコノミーとエコロジーによく対応する概念は「斉家」であり、経済学は「斉家学」と訳すのが至当であった。

斉家学ではよく分からぬ(発音だけ聞くと「性科学」に聞こえる)と言うのなら「家政学」でいいのである。とは言え、家政学では一昔前の女子大でお裁縫やらお料理やらを習って良妻賢母を目指す保守的な実用学と受け取られてしまうかも知れない。実は論者も家政系女子短大の教員であったにもかかわらず、わが学科は昔の家政学ではもはや古いと考えて「生活文化」に看板を書き換え、さらには「生活福祉」へと転進してきたので、偉そうなことは言えないのだが、ともかくここへ来て再び「家政学＝オイコス学」の復権が必要だと思い直すに至ったのである。

2　新しい経済地図をつくる

リーアン・アイスラーは『ゼロから考える経済学』の中で、新しい経済モデルとして六つの分野からなる経済地図を提案している。彼女は、経済関係の全領域を視野に入れた経済学をうち立てるために「人間が自然の生息環境とどのように関係しているか」ということから始めて「家庭内の経済的な相互作用まで」あらゆることを含めねばならないと言う。しかるに現在の経済モデルは「市場経済」と「政府経済（公共サービス）」それに「不法経済（麻薬取引、売春、一部の武器取引など）」しか考慮に入れていない。アイスラーは経済の中核分野は「家庭経済」なのであり、この分野こそがその他のすべての分野における経済活動を支え、可能にしている。家庭は単なる消費の単位ではなく、人という最も重要な資源を文字通り産み出す生産の単位であると説く。これに加えて「無報酬の地域経済（市民社会の諸活動）」も、家庭経済と相まって人を思いやること・世話すること（care と care-giving）という人間社会に不可欠な活動を提供している。さらに「自然経済（自然環境）」も市場経済を維持するもととなる資源を生み出す場として重視されなくてはならない。現在の経済分析や経済指標はもっぱら前三者の経済にのみ注目するばかりで、実のところ市場の源泉となる家庭経済や地域経済には何の価値も認めようとしていない。

確かにアイスラーの言うように、現在の経済学は「金になること」しか考えようとしていない。金にさえなればそれが人間生活の向上につながらず、それどころか大きな不幸をもたらすものでさえも「経済的に」評価されてしまう。逆に市場と関わらないことは、それがいかに生活の質に資するものでも経済的には無視される。かくして人殺しのための兵器の生産はＧＮＰにカウントされ、優しい奥方が亭主に提供する心のこもった世話は経済外の行為としてカウント外となるのである。もっとも奥方が家出をしてその仕事を家政婦に頼まざるを得なくなれば、奥方の市場価値が決して低くないことが明らかになる。こうした方向は「家事の社会化」などと言われて、あたかも進歩の証拠のようにもてはやされているが、家事や育児や愛情行為までが社会化（市場化）した家庭が果たして幸福であるかどうか、少し考えれば誰にも分かることだろう。家庭や地域の無償の行為を無視して出来上がった経済指標が市場をリードし、また国家の経済政策を決定するとなると、経済学が世のため人のための幸福な学問になることは困難であろう。経済学の発想の転換と視野の拡大が求められる所以である。

3　金回りの経済から時回りの経済へ

アイスラーの分類でいう「市場経済＋政府経済＋不法経済」の三分野は、論者に言わせれば「金回りの経済」というべきだろう。「カネこそ万能」ということが何の疑問も留保もなく語られるのが現代社会の日常である。経済学がカネの動きを土台に生産と消費の分析にのめり込み、とくに資本としての金に注目して金融論に焦点が当たるのも、カネをうまく回せば、企業は栄え、個人は潤い、すべて世は事もなしと考えるからであろう。

しかし、「経世済民」を原点とする経済学は、世のため人のため何をなすべきかということをもう一度考え直さなくてはなるまい。「カネの存在」が現代人の生活の大きな要素であることは否定しようがないが、金だけで世の中は動いていない。アイスラーの言う「もう一つの経済」である「家庭経済＋地域経済＋自然経済」という組み合わせに注目してみると、そこにはカネの背後にある、より根源的な価値としての「時間」の存在が浮かび上がってくる。家庭や地域では確かに「現ナマ」はあまり動いていないだろう。しかし、お金に換えがたい「時間」がしっかりとやり取りされているのである。アイスラーのキーワードは「ケア」（訳者はこれを〝思いやり〟と訳しているが）ということだが、これは「他者のために時間を投資すること」であり「他者に寄り添う時間」である。むろん、そうした行為も一部は市場化してお金に換えることができるが、それはあくまで水面に浮き出た一部分であって、水面下にある大きな部分（非金銭的＝時間的諸関係）に支えられてはじめて存在できるのである。私たちはカネを稼いだり使ったりすること以前に、生きている時間を誰とどう使うかという問いに答えなくてはならない。個人と社会を動かしているのは各自の時間予算の立案と実行である。「金回り」を根底で支える「時回り」の経済学が必要とされる理由はここにある。

4　時間観を転換する

家庭と地域への時間投資を点検してみると、現代日本人のあまりの貧困に慄然とせざるを得ない。残業続きの過労死さえ招きかねない長時間労働では、家庭の時間は寝ることさえおぼつかない（寝ることは休養ばかりではない、愛情の時間でもあることをお忘れなく）。あってないような休暇の現状では、身の回りの地域社会に関心を持ってスポーツや文化を楽しんだり、ボランティアに参加したりするために多くの勤労者はどれくらいの時間予算を持てるだろうか。家庭と地域の時間の価値を改めて「発見」するために「時間の経済学」（これは断じて時間の節約というようなつましい発想ではない）を確立しなくてはなるまい。家庭と地域の時間的存在感が増すことは、市場と政府の経済にも大きなインパクトを与えることになるはずである。

ここでケアの問題をローカルからグローバルまで幅広い視点で検討している広井良典氏の発言に耳を傾けてみよう。広井氏は豊かさを求めて右肩上がりの経済成長を追求する時代が終わったことを指摘して「定常型社会」という枠組みを提示し、カネやモノを基準とする豊かさではない、全く別種の豊かさを考える。物質的な豊かさの追求は、まずは資源や環境という地球の有限性の壁に突き当たった。しかし、それだけではなく人間は今、自らの内的な限界にも直面しているのではないか。「そもそも人間の需要ないし欲望というものは、無限に拡大を続けるものなのだろうか。少なくても「量的な」拡大・成長ということにはある種の飽和点ないし成熟化ということがあるのではないか」（広井２００１、１３９ページ）。これまで金科玉条とされてきた「成長」や「需要拡大」に代わる新しい価値や目標を造り出し、持続可能な福祉社会＝定常型社会が求められていると広井氏は言う。そしてそのために避けて通れない課題が「時間観の転換」なのである。

「時は金なり」という格言に象徴される「市場／経済」を流れる時間は、速度と効率を求める時間である。そこでは一定の時間の中にできるだけ距離を稼ぐ、あるいは生産量を上げることが目指されてきた。速度＝距離÷時間、効率＝生産量÷時間であり、ここでの時間は分母に置かれた（換言すれば手段化された）時間である。しかし、そうした捉え方では見えない時間もあり得る。旅行を例に取れば、ただ早く行くばかりが能ではなく、ゆっくり、のんびり移動する鈍行の旅もあり、ものづくりも安物の茶碗を機械で大量にひねり出すより、たった一つの茶碗に長い時間をかける「手びねり」もある。そして後者の方が人間的には価値ある時間であることは自明だろう。そこでは速度と効率の逆数である「ゆっくり度」＝時間÷距離、「じっくり度」＝時間÷生産量という指標が意味を持つことになる。ここでの時間は分数の分子であって目的化されている。短い移動に、あるいはささやかな生産にふんだんに時間を使うことが目指される。これこそが本当の贅沢であり、定常型社会が目指す新しい豊かさでなくてはならない。そして、家庭経済や地域経済は、こうした時間観をもとに組み立てられるべきであり、さらに自然経済は、人間の尺度を超えた悠久の時間を視野に入れなければ構想することさえできないだろう。

＊

時間こそは人生の内実そのものである。生きる喜びに連なるあらゆる価値は、愛であろうと智恵であろうと芸術、学問であろうと時間の枠組みの中にある。時間を失えばわれわれの意識は消滅し、すべては無に帰するのである。時間は生の根底を流れている。

【参考文献】
（1）リーアン・アイスラー、中小路佳代子訳『ゼロから考える経済学』英治出版、2009年
（2）広井良典『定常型社会　新しい「豊かさ」の構想』岩波新書、2001年
（3）広井良典『コミュニティを問い直す』ちくま新書、2009年

仕事と余暇のダブル・レール

1　単線主義よ、さようなら

わが国ではこれまで「一筋」あるいは「一途」に生きることが人間として尊いことだとされてきた。「この道一筋四十年」というような見出しでナントカ褒章などという勲章を国家からいただいたことが美談として報道される。継続は力なり、というわけで、何事も一途にわき目もふらずに歩むのが賞賛されたのである。その反対の、一所に落ち着いていられず、頻繁に仕事を変えるのは、どこかいかがわしく思われてきた。夫婦関係だとて、女房一筋に添い遂げるのが尊いので、あれこれ浮気症でパートナーチェンジに精を出すのは、世間的にはあまり誉められた話ではなかった。

ところがこの「一筋主義」がいま大きく揺らいでいる。仕事一筋に脇目もふらず働き続ける二宮金次郎が称揚された時代は過去のものになろうとしている。とくに同じ会社でウン十年もがんばり続けた、などというのはあまり尊敬されなくなった。実力があればライバル会社の社長を引き抜いて来ようという時代である。仕事を替わらなかったのは、忠誠心というよりは、たいした実力もなくて外からは注目もされず、出て行きようがなかったのではないかと見られてしまう。仕事の内容が変えられないのは、新しい挑戦への意欲がないからだと言われかねない。女房とのお付き合いにしても「生涯一穴主義」は少なくともあまり格好良くはないようだ。バツ一バツ二の艶福組があふれるご時世なのである。

要するに「一筋一途」からの大転換である。「二股かける」という態度は、かつては人間として不誠実の証拠だったが、いまでは人生を多様な視点で眺めることのできる「複眼」的な能力として高く評価される。人間は単純ではダメだ、という見解から、複線主義（ダブルレール）が前に出てきたのである。

そのことの背景にあるのが「人生八十年時代」の到来であることはいうまでもない。人生六十年ならば、仕事を中心とした第一ステージで人生が仕上がってしまうのだが、八十年時代となればリタイア後にほとんど一世代分の自由なステージが残ることになる。否応なく与えられた第二ステージを視野に入れると、誰にとっても人生は「一筋縄」では行かないことになる。還暦までに履いた草鞋は履きつぶして、新しい草鞋を足に、もう一旅《ひとたび》の人生行路が待っている。「二足の草鞋」も悪くない。それまでの単調（モノトーン）

な人生が、もっと多彩でカラフルな色々人生へ変貌するのだから。

2　人生の基礎資源としての余暇

さて、一筋主義を卒業して「ダブルレール」で生きるにはどうすればいいのだろう。そのためには人生に処する原理を変えなくてはならない。これまでの大方の勤労者の生きる原理は何と言っても労働中心、仕事大事のライフスタイルだったのだから、そこから転換するためには、労働の対極にある「余暇」に注目して、余暇を元手に、余暇こそ基礎資源であると捉え直して生きるということになる。

余暇を生きるとはどういうことか。それは労働中心の生き様をひっくり返すことである。労働を特色づけたのは、まずは功利主義の原則である。利益があること、価値を生むこと、これこそ至上命題で、それを目標にわき目もふらずにセッセと働いて来たのが現代の金次郎の姿であった。その結果、日本の国は十分すぎるほど物質的には豊かになったのだが、しかし、それでみんなが安心立命できたかというと案外そうでもない。心の中には何やらすきま風が吹いて「何かが足らない」という感じではないだろうか。余暇こそはその「心を充実させる何か」に他ならない。そしてそれは功利主義からの脱却、言葉を換えれば、金銭や地位や権力ではない、全く別種の価値を見いだすことである。世間的には役にも立たないようなことに没頭し、金儲けでなく「人儲け＝人とのつながりを豊かにすること」を目標に、ゆったりしたいい時間を過ごすことである。

労働を律した基準といえば「速度」と「効率」であった。早くできるということが何よりも価値であり、何をやっても遅くてのんびりしているヤツは無能のレッテルを貼られた。単位時間あたりの生産量を多くすることが仕事の目標で、生産性の向上は有能の印であり、生産性の低い人間や職場は切り捨てられて当然という価値観が仕事の世界を支配してきた。

ところが余暇の世界はこれとは全く反対なのである。余暇では速度が遅いほうが価値があるのは、余暇活動のエースともいうべき旅行をとってみれば一目瞭然だ。新幹線であっという間に着いてしまう旅より、鈍行を乗り継いでゆったりと行く旅、それよりは田舎のバスを楽しむ旅、いやそれよりも自転車で気ままに走るサイクリング、いやもっと究極の旅ならば、ヤジさんキタさんよろしく、東海道を振り分け荷物で歩く旅こそ余暇にふさわしい。東京から大阪まで、新幹線は二時間半で運んでくれるが、歩いて行ったら二週間はかかる。ヒマのない人はとても選ぶことのできない旅なのである。遅いことこそ余暇を持つことの証拠だということを肝に銘じよう。

生産性の方でいえば、機械をたよりに一時間に十個も百個も茶碗を作ってしまうのでは、たいした茶碗ができるはずがない。大量生産の粗悪品ばかりである。ところが手びねりで一つの茶碗をためつすがめつ一日かけてひねってみれば、芸術品まで行くかどうかは分からないが、確かに個性的な「私の茶碗」が生み出せるだろう。余暇において価値があるのは、速度が遅いもの、生産性が低いものなのである。反速度、非生産性こそが余暇を充実させる原理というべきであろう。

3　新たな余暇のデザインへ向けて

さて、人生のダブルレールを走り始めようとするあなたは、新たな余暇デザインに立ち向かうデザイナーである。あるいは余暇という真っ白に輝くキャンバスにあなたの画を描こうとしている画家と言ってもいいだろう。描かれるはずの作品は抽象画あり具象画あり、漫画も切り絵もコラージュもありである。誰にも奪われることのないあなたの時間を楽しむことが課題である。

もう少し具体的に余暇デザイン（絵描き）の指針を考えてみよう。第一に取り組んでほしいことは「未完のプログラム」を成就させるという課題である。これまでの人生を振り返ってみれば、だれしも「やってみたかったができなかった」ことがあるはずだ。あるどころの話ではない、私の人生はやってみたくてできなかったことの連続だったと痛切に思う人もあるだろう。人生に格別の成功を収めた少数の果報者を除けば、多くの人にとって人生は挫折の連続とも言える。その挫折を受け止め、何とか折り合いをつけて生きながらえてきた、というのが偽らざる実感かも知れない。だが、これからの余暇のキャンバスにはどんな絵も描くことを許されている。何でもしたいことができるのである。

そんな馬鹿な、お金も権力もないのに、したいことができるわけがない、と反発する人もあるかも知れない。しかし、金や権力がらみのしたいことでは、実のところまだ仕事の世界から抜け出していない。余暇人生における「したいこと」というのは、もっと内面的なことである。音楽を、絵画を、彫刻を楽しみたい、詩人になりたい、学者になりたい、愛に満ちた生活をしたい、思い切りスポーツに打ち込みたい、毎日笑って過ごしたい…。こういう心の底からの願いを実現することこそがわれわれの人生の目的であり、金銭や権力はそういう夢を実現する手段に過ぎない。金銭や権力を超えたその先にある精神的な価値を手に入れることこそが「未完のプログラム」の実現である。そしてそれは余暇のデザインによって十分に達成可能な目標なのである。

もう一つ重要なことは、あなたの余暇を自分だけの利己的余暇から転換して「利他的」余暇を目指してみることである。つまりは余暇という資源を「世のため、人のため」に投資してみるのである。これがまた、すばらしい手応えのある世界を開いてくれる。われわれは現役時代に、自分の職業を通じて社会に参画してきた。間違いなく世のため、人のために働いてきたのである。しかし、大多数の人にとって職業生活は自分の本当の願いに基づいて選ばれたというよりは、喰うためにやむなく、という面が強いのが実情である。

ところが余暇における社会参加は、もはや必要や強制とは無縁の、純粋に自らの意思で選んだもの（ボランティアというのは自由意思というのが原義）である。自分ができることを生かして誰かの役に立つことぐらい「生きる喜び」を感じさせてくれるものはない。生きがいというのは結局のところ、自分の中にあるのではなく、自分と他者との深い関わりにあることが納得される。利他的余暇の中で「したいこと」と「すべきこと」は初めて幸福な一致を見るのである。これこそが余暇の究極の境地と言うべきであろう。

【参考文献】
（1）薗田碩哉『遊びと仕事の人間学』遊戯社、2004年
（2）日本レクリエーション協会編『レジャー・カウンセリング』大修館書店、1994年
（3）日本余暇学会『余暇学を学ぶ人のために』世界思想社、2004年

労働と余暇の新しい関係

1　苦役としての労働

Arbeit macht Frei：「労働は自由をもたらす」というこの標語は、名高いアウシュビッツの収容所の入り口に掲げられていた。この言葉には恐るべき含意があって、働けば自由になれると言いながら、働かない者、働けない者は価値がない＝生きているに値しないということなのである。過酷な強制収容所の労働に耐えきれなかった膨大なユダヤ人がガス室で抹殺され「資源」にさせられた。筆者もかつてこの地を訪れたことがあるが、うずたかく積み上げられた人の毛髪や眼鏡や靴の山の光景が忘れられない。

労働することは恐ろしい罰であるという思想はユダヤの伝統の中に色濃く流れている。旧約聖書の創世記には、人間がなぜ労働という苦役に従わねばならなかったかが語られている。エデンの園で神の禁じた知恵のリンゴを食べてしまったアダムとイブは、楽園を追放され、呪われた大地で額に汗し、労しつつ食を得ねばならなくなった。労働は神の罰であり、避けがたい苦役に他ならない。英語の労働レイバーはラボラトリーと同源で「作業場」から来ているが、フランス語の労働トラヴァーユはもっと直截でその語源は拷問台であり、要するに苦役のことである。この語から来た英語のトラヴェイルも苦労や陣痛という意味である。同根のトラヴェル（旅）という語は昔の旅が苦難に満ちたものであることを如実に示している。

プロテスタンティズムが資本主義の精神を培ったというのも、神の罰としての労働を真摯に引受けてこそ神の救いもあり得ると考えて、わき目もふらず働いたからだし、近代市民社会が労働を価値の源泉と捉えたことの背後には、人間の本質は労働にある（労働を外しては人間の意味がない）という西欧伝来の思想があった。マルクスが労働者階級の解放を唱えたのも、搾取される労働ではなく自由な労働の獲得を考えてのことである。労働への呪縛はユダヤ、ギリシャの昔から綿々と引き継がれてきた西欧の伝統である。

こうした労働観を踏まえて見直すと、西欧社会での余暇の意味がよく見えてくる。苦役としての労働から解放してくれる得難い自由な時間こそが余暇なのである。レジャーという語はラテン語の licere から来ていて、これは「許す」という意味である。ライセンスも同根の語で許可証ということになる。神から許された特別の自由こそがレジャーを根底で支えている。なればこそ労働時間の制限による余暇の獲得は、神の許しを得る特別の意味を持ち、それだけに熱心に追及されてきた。西欧社会が労働時間短縮を果たし、長い有給休暇を確立してきたのは、労働からの自由という見果てぬ夢を追い続けた成果といえよう。余暇への志向は西欧的価値観の土台に埋め込まれていたと見ることができる。

2 「はたらき」の思想

翻ってわが方はどうか。日本の伝統の中に、罰としての、罪としての労働という発想は見受けられない。労働を示す和語の「はたらき」は古代語には見当たらず、中世から使われるようになった語らしいが、岩波古語辞典によると「動く」「自ら進んで動く」というのが原義である。「覚えず知らず手がはたらきて舞になり…」という用例（中世の注釈書）が上げられている。そこで「出撃して戦う」という意味も出てくる。戦功を立てた者を「今日いちばんのはたらきはだれそれ」といって誉めそやすことになる。漢字を当てる場合、初めは「動」を使って動く＝はたらくと読ませていたが、「うごく」との区別の必要から後に人偏を付けた「働」という和製漢字が作られたのである。

その語源だが、古語には「はたる（徴る）」という語があり、責めて取り立てる、催促するという意味である。「里長が課役徴《いつきはた》らば…万葉集三八四七」という用例がある。「はたらく」は「はたる」の自動詞化と考えて、自分で自分を「はたる」＝自ら進んで行動する、ということになったという説がある。
どうやら日本人の原労働観は、苦役どころか、自ら進んで行う「快楽」としての労働という雰囲気を孕んでいる。「罰」ではなくて「恩恵」としての労働と言ってもいいかもしれない。彼我のこの対照的な違いは、和辻哲郎の「風土」論で解けるのではなかろうか。ユダヤのような砂漠地帯では、大地を耕すのは大変な労苦であった。それに対して温帯モンスーン地帯で高温多湿の日本では、自然の恵みは豊かで、田んぼも畑もお天道様さえ守ってくだされば、さほど労せずしてたくさんの収穫がある（今、仲間と田んぼを一枚やっているのでよくわかる）。進んで働いて損はないというわけだ。

むろんわれわれの先祖が労働のシンドさを感じなかったと言ったらウソになろう。そこで苦しい労働を少しでも楽しくする工夫が行われた。田植え歌やヨイトマケの唄のような労働歌の存在がそれを示している。江戸期の職人たちの働き方を見ても、時間やノルマで縛ることの少ない、気儘を認め、自発性を尊重する気風があったようだ。明治以降の近代化によって西洋式の工場が作られ、そこでは機械に縛りつけられた「女工哀史」の過酷な労働がもたらされたが、それでも比較的良心的な経営者は工場の中に慰楽施設を設けたり、女工たちに就労後のお稽古ごとの機会を与えたりしている。労働現場を楽しくしたいという欲求は、戦後の高度成長期の職場レクリエーションにもつながる民族の伝統であるらしい。

3　労働からの解放

近代産業社会を牽引してきたのは労働＝価値という思想である。労働こそ価値の源泉であり、人間社会は労働によって組織され、運営され、発展していく。「働かざる者食うべからず」が社会の準則となった。一九世紀の前半にはイギリスに世界で初めて福祉立法が行われ、働くことのできない貧困者の救済を命ずるが（新救貧法：一八三四年）、それには「劣等処遇原則」というおまけが付いていて、救済の水準は一般の労働者の最低生活よりも低く抑えねばならないとした。助けてはやるが、贅沢はさせない、働かない者は半人前なのだから劣等生活に甘んじよ、という考え方である。ここには労働こそ人間の値打ちの証という思想が色濃く投影されている。

労働＝価値という見地から見れば、その対極にある余暇は無価値ということにならざるを得ない。余暇のレゾンデートルはただ一つ、労働に向かって有益であるという部分にのみ認められる。労働の疲れを癒して労働力を再生産する、労働の侍女として労働に仕えるのが余暇の役割とされてきた。また、この図式から労働に従事しない子どもと主婦と高齢者、それに心身に障害があって働けない非生産人は社会の依存者として一等下に位置付けられることになった。この内、子どもたちは将来の労働人を目指してできるだけ効率的に学習させなくてはならず、主婦は労働人たる主人を支え、将来の労働人たる子どもを育てる影の労働（シャドウワーク）に邁進することが求められた。高齢者と障害者は前述の劣等処遇で面倒を見るからつつましく生きなさいという次第となった。

労働は本質的に苦役であるが、それこそが価値の源泉であるという思想から出てくるのは、できるだけ効率よく働いて務めを果たし労働のくびきから少しでも早く脱しようという態度である。労働は人間の宿命であり、神から与えられた義務であり（プロテスタントの言うBeruf〔天職〕は神からの呼びかけ、召命）、つらくとも成し遂げなければならない課題だが、務めを果たし終えたその先には神の祝福と自由と解放が待っているのである。

ところが労働を本質的に快楽であると捉えてきた文化にあっては、義務を果たして務めから脱出するという志向は生まれにくい。近代産業社会への転換を強いられた明治期の日本の社会は、西欧と同様に資本の原資的蓄積に向けてお決まりの過酷な長時間労働を受け入れざるを得なかったが、職工も女工もそれによく耐えて近代化へのテイクオフを果たした。もちろん日本でも労働条件の改善を求める労働者の運動が組織され、資本家と対峙して激しい闘争が展開された。その運動の目標が労働者の権利擁護と生活の質の向上にあったことは言うまでもないことだが、西欧と比べて雇用の確保や賃上げという目標に比べて、労働時間の短縮という課題への取り組みが弱かったように思われる。

メーデーの起源がアメリカはシカゴの労働者が一八八六年に「八時間労働制」を求めて立ち上がった闘争にあることはよく知られている。欧米の労働運動の成果を集約して一九一九年に成立したＩＬＯ条約は、その第一号において八時間労働制をうたっている。実に三十年近い長い年月にわたる労働者の戦いの末に「働くことの制限」がもっとも重要な成果として打ち出されたのであった。苦役としての労働を抑え込んで、自由の領域を広げることが欧米型労働運動であったわけだが、日本の労働運動は、労働者の権利の確立と生活向上については大きな成果を上げたとはいえ、労働時間に関しては寥寥たるものがある。ＩＬＯ第一号条約さえいまだに批准できず、労働時間や休日・休暇に関わる条約はほとんど全く批准できていない。そのため過労死する勤労者が後を絶たない（近年は過労自殺も目立ってきた）現状はどう理解すればよいだろうか。そのことの背後に「はたらくことが楽しい」と思わせる日本の労働風土の存在が見え隠れするのである。

4　余暇からの再出発

近代産業社会は次第に成熟して労働の質的な内容が大きく変質した。産業化をリードした

「ものつくり」産業から、今や金銭を操作する「かねまわり」の金融業が稼ぎ頭になってきた。他方、「もの」ではなくて「ひと」に関わるサービス産業の比重が増して、肉体労働から頭脳労働、さらには精神労働から医療・福祉現場のような「魂の労働」が求められる職場が増えている。「額に汗して」労働するのは昔の話で、いまでは人と人との複雑なやり取りの中で、「冷や汗」をかいて魂を蝕まれるような労働が主流になりつつある。昨今急増している働く人の鬱病は、そのことと関係があるに違いない。

生活の中で労働が占める位置も大きく転換した。人生を長いスパンで見るともはや労働は生活の首座にはいない。義務教育が六年で終わったのは遠い昔。子ども時代が延長され、いまや大学を終えて大学院に進み、三十歳を超えても親がかり、つまりいまだに「子ども」という人々が万の単位で存在する。一方、人生は大きく延長され、定年が死を迎える準備のためだったという起源は疾うに忘れられて、リタイア後の生活が一世代分もあるという状況が現出した。人生八十年、どう頑張っても労働時代は半分に届かない。後はいわば「余暇」ということになるが、余暇はいまや労働の余りの余暇ではなく、余暇の大海がまずあって、労働はそこに浮かんでいる陸か島なのである。これまでの労働―余暇関係の組換えは必至である。かつて僕《しもべ》であった余暇は今や自立して、旧主人の労働を見返そうとしているのだ。

余暇の大海の渚に立って労働を振りかえってみると、改めてわれわれの伝統である「はたらく」ことの新たな意味が蘇ってくる。「はたらく」とは自発的に動くことであった。覚えず知らず手足が動いてしまうという内的な衝動がわれわれのうちにビルトインされていて、誰もがその内なる志向を発動して「はたらく」のである。その「はたらき」にはもちろん日々の糧を得るという活動もなくてはならないが、決してそれだけに尽きるものではない。声を発して歌い、踊り、何かを描き、作り、書き、人と交わって語り、分かりあい、敵を見出して戦うような「はたらき」もおのずと生まれるに違いない。それらのはたらきの総体が生きるということの内実になるのである。

労働を苦役とし、それを人間の条件と考えたユダヤ的伝統に対置して、人間の本来のあり方を「非労働＝遊び」に置いて、われわれの生と世界を再構築していくことが3・11を経た日本人の課題である。非労働の余暇こそ、まさに本来の生であり、そこから労働へ、文化へ、社会への道筋が開けてくる。

自由はむしろ始原にあった。そこからすべてが始まる。冒頭の言葉を言い換えるなら、Freiheit macht Arbeiten.＝自由が労働をもたらす、のである。

【参考文献】

（1）安永寿延『「労働」の終焉』農山漁村文化協会、1985年
（2）特集「労働」―解放と軛の狭間で『クリティーク7』青弓社、1987年
（3）上野千鶴子『家父長制と資本制―マルクス主義フェミニズムの地平』岩波書店、1990年

第二章

地域を育てる

つながる社会、助けあう地域
——大震災後の暮らしとコミュニティの再建

「無縁社会」といわれるように、人々の「つながり」は昔に比べて大変貧しくなってしまった。しかし、孤立して生きるのは楽しくもなければ健康的でもない。安全という面からも問題がある。大震災や原発事故に直面して、私たちはもう一度、隣り近所の関わりや世代間の交流について考え直してみる必要があるのではないか。地域社会を豊かにする「つながり」活動について、実践を踏まえて考えたい。

1　少子高齢化社会

六十五歳以上人口の比率は、『高齢社会白書』によると二〇一〇年十月一日現在で、23・1%、およそ四人に一人が高齢者ということになる。高齢化は地域差があり、都道府県別に見るとかなりの差異がある。高齢化率が一番高いのは秋田県（29・7%）で、一番低いのは沖縄県

（17・3％）である（二〇一一年）。沖縄県は子どもの出生率が飛びぬけて高いという特色がある。また、同一地域の小さい地区別に、高齢化が著しいところがある。八王子市めじろ台も高齢化が進んでいるが、私の職場の日野市の古い団地では高齢化率が40％を超えるところがある。他方、若い年齢層が入ってくる新しいマンションのある地区もあり、高齢化率は低い。

高齢化で百歳以上の長寿者もまれでなくなった。厚労省が敬老の日の前に発表したところでは、老人福祉法のできた昭和三十八年には、百歳以上の人は一五三人であったが、現在（二〇一一年）は四万七七五六人になるという。半世紀で三百倍にもなったということだ。長寿の先輩たちが安心して健やかに生きられる社会をつくることは現在の日本の最重要の課題だろう。

高齢化の一方で、少子化も進んでいる。筆者が指導してきた女子学生に、結婚して三人ぐらい子どもを持ちなさいというと、みな同感してくれるが、三人の子どもを育てる実力のある若者の相手を見つけるのは至難の業である。子育てしながら夫婦ともども働いて、ということになるのだろうが、その環境条件は厳しい。子どもを持ちたくても実際には持てない状況は日本の未来を暗くする。

2　なぜ人びとは孤立してしまうのか

「無縁社会」とは、人が家族や近隣とほとんど関わりなく生きている社会である。あるいは近隣との関係がなくとも生きていける社会である。自立が徹底していてそうなるのであれば、望ましいという考え方もあろうが、現実はそう甘くはない。個人は、家族や近隣の何らかの助けなしには、生活を全うできないのが本来である。そうであるのに現代の日本では、人と人とをバラバラにし、無縁にしてしまう力が働いている。

その理由の第一は、競争社会であること。教育でも仕事でも、どの分野でもなんでも競争原理が尊ばれる。能力ある者が力を発揮して勝者となることは望ましいと考えられ、とくに、経済の分野では新自由主義――競争に任せておけば、すべてがうまく行くという考えが支配してきた。しかし、競争においては必ず敗者が出る。競争社会ではその人たちは見捨てられる。競争社会から押し出されて生きている人、生きざるを得ない人が出てくる。多摩川の河原にテントを張って生活している人が増えている。そこは広い自然に囲まれて、何にもとらわれない自由があるのかもしれないが、危険と隣りあわせである。競争は助け合いを否定させ、みんなをバラバラにする。

第二に、生活が豊かになったこと自体。豊かになったことで、人びとは貧しいとき互いに助け合って生きてきたことを忘れてしまった。昔は、貧乏人同士は互いに助け合っていた。貧乏人の子沢山という言葉があったが、子育てをみんなが力を合わせてやっていたという一面も見逃せない。豊かになることによって貧乏のなかにあったそうしたよいものを失ってしまった。

日本は豊かになったとはいえ、「モノ」は豊かにあっても、「豊かな時間」をもつということがないのが大問題である。日本では、忙しくしていることが価値あることとみなされる。「お暇でしょう」と言ったら軽蔑したことになる。しかし、忙しいという字は、心が亡ぶという構成になっているのである。心が滅んでは本当に豊かにはなれない。最近、大学では、年間十五週講義するという文科省の基準が強く押し出されて、国民の祝日さえ半分以上休まないで授業をしている。国民として、憩い、祝う日を大学が無視していいのだろうか。時間がないと人と人との関係も薄れる。だれもがスーパーで毎日、効率的にたくさんの物を買うが、レジでは全く会話がない。昔の商店では、売買の金額は少なかったであろうが、売り手と買い手の間に対話があった。時間はかかったかもしれないが、そのコミュニケーションが地域の人々を結びつけていた。

第三に、文化の問題がある。日本人の多くは暇な時間にテレビを見て過ごしている。ご飯を食べながらもテレビを見ていて、対話がない家庭が多くなった。「孤食」という言葉もできている。普通のサラリーマン家庭では、朝食の時間は家族それぞれの日程によってバラバラ、夕食も父親が遅く帰ってくるので、家族全体で団欒ということができない。サラリーマンの昼食も、同僚と同じテーブルを囲んで、話し合いながら食事の時間を楽しむようなことは減ってきているのではないか。昼休みにもみんなそれぞれのパソコンに向かっている。テレビやマスメディアが人々の交流時間を奪っているように思われる。しかも、今のテレビの中身は東京のスタジオで作られ、出演者は、視聴者と日常的な関係がない人たちばかりである。視聴者はそれを黙って見ているだけだ。

昔、農山村では、どの村の神社にも舞台があって、住民が演技する芝居や芸能があり、村の人たちが集い、楽しんでいた。神社は村人の交流の場だったのである。今、芸能と言えばカラオケが代表だが、カラオケの場合は、喜んでいるのは歌っている当人だけで、同席者たちはその歌をろくに聞いていない。自分の順番を待っているだけ。かつてのように歌を介して人びとがつながっているとはいえない。文化もバラバラ文化になっている。

以上のような力が働いて、人びとがバラバラになっているのである。そのバラバラ状態は、同世代、とくに小、中、高、大学生の間ではいくらか程度が低いといえるかもしれない。同じクラスなどで学ぶためである(しかし、いじめのような、陰惨な仲間はずしも起こっているし、大学生の中にも孤立した者は少なくない）。これに比べて、世代間の分断はとても大きい。第一に言葉が通じないということがある。私が「教養がない」と言ったら、これを若者たちは「今日、用がない」と聞いてしまう。私の用語が通じない一方、若者用語は私たちの世代には理解できない。言葉が通じ合わないことは基本的な考え方の違いと連なっている。

そこで、世代分断を乗り越えること、具体的には、高齢者と子どもたち・若者たちの交流が大事である。私もそのため地域のサロンづくりなど、少しの試みをしてきたが、歌を一緒に歌うとしても、世代によって歌える歌が違うという問題がある。童謡や「ふるさと」のような唱歌なら何とか共通するが、全部ではない。世代を超えた交流のためには、ともに楽しめる「交流文化」を育てるなどの努力が必要である。世代の分断を超えるため、それぞれの世代が一歩前進しなければならない。

3　大震災と原発事故をどう受け止めるか

以上のような状態を背景として、3・11の東日本大震災と原発事故が発生した。その現場（飯舘村、南相馬市など）を、およそ四十日後に訪問した。そのスライドをお見せしたい。

土台から流された家

魚市場の一階は無惨に破壊された

駅前にあった家々は跡かたもない

ご覧の通りである。人間は自然を甘く見ていたのである。スライドから明らかなように、津波の被害がことに甚大で、人間の予想をはるかに超える自然の猛威を改めて感じた。また、飯舘村の例にみるように、原発事故の影響も深刻で、原発安全神話が打ち砕かれたことを目の当たりにした。福島市でも、一部地域で放射能の値が国の基準値を越えるとのことで、子どもを持つ世帯が次々に転出している。

現地で、濡れ組（津波に襲われた人たち）、乾き組（津波からは免れた人たち）という言葉を聞いた。被災者の中にも、津波に襲われ、家族を失い、家もなくなった、言いようのないほど深刻な被害者と、被害が相対的に少なかった人がいることであろう。被害の大きい人たちにとくに手厚く救援の手が差し伸べられるとともに、被害の程度を超えて、東北の地域ならではのコミュニティ意識による助け合いがなされることを期待したい。罹災後の住民の状況が報道されているが、東京のバラバラ社会とは異なる、顕著な地域社会の底力があることを知らされる。これが、復興の原動力となることを期待してやまない。

また、被災地に限らず、無縁社会に成り下がった地域社会を再生させるため、隣り近所の助け合いの持つ意義を見直して行きたい。筆者は大震災のとき、多摩市のマンションの九階にいたが、揺れの大きさ、長さに動転していた。マンションでは日ごろ近所づきあいはほとんどないが、地震の直後、今まで顔を合わせたことのない住民が中庭に自然に集まり、それぞれに家の様子をしゃべり合った。翌日からは住人同士が会うと挨拶し、多少なりとも会話をするようになった。管理組合が防災の話合いをしたり、お年寄りをサポートする動きも出てきている。震災を機にささやかではあるが、隣近所の助け合いの萌芽が生まれたと理解できよう。これを捉え拡大し、定着させることができればと期待している。

原発事故により安全神話が吹き飛んだ。これまでは、「原子力村」という、東電、政府、研究者が一体となった特権的集団があり、これにより情報がコントロールされていたこと、また、住民・国民の側も、専門家の言うことだから安心だと決め込み、無批判に受け入れてきたという実態があった。その上、原発建設の促進のため、地元の貧しい自治体に多額の金が流し込まれ、それが町の財政を潤し、立派な施設を造るなどのこともあった。筆者自身も、原発に由来する資金で建設が予定された社会教育施設の建設について助言する委員をした経験もあり、何だかんだ言っても原発推進に手を貸していたのだと反省している。しかし、原発自体や関連企業が地元の重要な職場となっていたことも否定できない。安全神話は破れたが、原発に由来するさまざまな便益が根深く私たちの生活に関わっていて、そこからの脱却は容易なことではないということを知らねばならない。

原発事故によって電力の供給に問題が出てきたところから、二〇一一年夏、政府の呼びかけと強制措置を受け、企業、一般家庭が節電に取り組み、結果として大停電の発生を防ぐことができた。これは、一般家庭においては、やむを得ずではあるが、消費のありかた、暮らしのスタイルを変える実験ともなった。大学では七月後半に当たる第十四週、第十五週の授業をしないでよいと文科省から通達があり（珍しく納得できる通達だった）、早目に休みに入って15％節電の目標を達成できた。授業は長くやればいいというものではない。筆者が学生のころは一週目には教授が来ないのが当たり前、全体でも十回ぐらいという、おおらかなものだった。ゆとりのある中で学んでいたと言えるであろう。猛暑の夏を過ごす日本の勤労者は、欧米並みの二、三週間の夏休みを取るべきだ。節電になるし、家族の絆を取り戻す時間ができる。

最近の暮らしはオール電化で、電気で水道やガスもコントロールする仕組みになっていたため、震災で停電すると、水道もガスも使えなくなるといったトラブルが生じた。便利で快適な、電気に頼った消費生活に落とし穴があったのである。大震災の経験をふまえるなら、消費や生活の在り方を根本から見直す必要がある。なんでも便利な生活が果たしてよいのかが問われているのである。

原発による電力の供給が後押しして、過度に電力依存の生活ができていた。こういう関係を見直さなくてはならない。少し不便でも電力を使わない生活の在り方が個別の家庭に求められるとともに、地域でも何らかの対応がありうるであろう。国のエネルギー政策としては、原発依存から脱し、そこから抜け出すために自然エネルギーの利用を促進するという政策に転換することが急務である。

4　「つながり」力を高めるにはどうするか

まず、日野市の事例をとりあげたい。市の高齢者福祉計画のなかで、高齢者の見守り、安否確認が重点事項として打ち出されたことを踏まえて、行政が主導してその実現に努めてきた。「高齢者見守りネットワーク」を全市に展開することを目標に、民生委員に関わってもらい、地域包括支援センターの業務に位置付けて進めてきた。三年がかりでネットワークはできたものの、見守りが必要と想定した高齢者は少なくとも千名いるのだが、実際に見守ってほしいと手を挙げてくれた人は約二百名にとどまっている。「他人にお世話になりたくない」、さらには「他人と付き合いたくない」という思いがあって、希望者が少なくなっていると判断される。この気持ちはわからないではないが、しかし、私たちは互いに迷惑をかけあって生きるしかない存在であることも自覚したいものである。見守り活動と合わせて、地域の高齢者の出会いの場となる「ふれあいサロン」づくりにも力を入れてきた。さらに次の段階として二〇一一年からは「気にかけ」運動を始めている。頼まれないのに見守るのは問題であっても、地域のお年寄りを気にかけることには問題がなかろうという考えである。進め方としては、市民や市民団体に呼び掛けて「気にかけグループ」を登録してもらい、一人暮らしや元気でない人に暖かい関心を持って気にかけていくというキャンペーンを進めている。

先に述べた「ふれあいサロン」ももっと増やしていこうとしている。百草団地のサロンがモデルケースで、ここでは商店街の空き店舗を改造した喫茶店が毎日十一時から四時まで開かれている。百円支払うとコーヒーお代わり自由。気ままにそこにいて、本を読んだりぼんやりしたり、おしゃべりもする。男性は碁や将棋を楽しむ人も多い。色々なイベントも行っている。筆者は学生たちと月に一回、「実践ふれあいサロン」を開いて、歌を歌ったりゲームをしたり、世代間交流の話し合いをしたりして楽しんでいる。大震災のときには、余震が続くので皆が不安を感じて、ふだんよりずっと多くの人が集まってきたということがあった。サロンが何か事があった場合にともかく集まる安心の場になっていると言えよう。それでも、みんながみんなサロンに来てくれるわけではないので「気にかけ」キャンペーンを立ち上げたわけである。

日野市の経験を踏まえて地域にお勧めしたいのは、見守り、安否確認のニーズは確かにあるので、気長に、できることを地道にやっていくことである。広報宣伝にあの手この手の工夫をし、問題提起を粘り強く続ける。「見守りあい、助けあい」の仕組みができたことを知ってもらうことが何より大事である。知ったとしてもすぐ飛びつく人は少ないだろうが、たとえ一例でも仕組みがうまく機能すれば、徐々に住民に浸透し、発展させていけると思う。「継続は力」というのは平凡だが、これが第一のポイント。

もう一つのポイントは「つながることが楽しい」と訴えていくことだと思う。人は楽しければ笑うわけだが、笑いは一人ではできない。だれも相手がいないのに笑っていたら、その人は正常でないと思われてしまう。逆に、気の置けない仲間といたら、大したことでなくても楽しく笑える。お互いにつながることができると、楽しく笑顔でいられるようになることを知ってもらおう。「楽しさ」を原動力に「つながり」を広げよう。これが私の提起するもう一つの要点である。

（二〇一一年九月二十五日、八王子市めじろ台団地での講演をまとめたもの。峯学氏のお手をわずらわせた）

地域社会と余暇

1　地域社会の変化

日本の地域社会は日本社会の近代化とともに大きな変化を遂げ、それまでの農業中心の社会から次第に工業や商業が中心になる社会へ変わってきた。昭和の中期一九六〇年代ころまでは、いまだ農業人口が優越していた。六〇年代の高度経済成長によって、急速に農村が解体されていく。一九六〇年には第一次産業人口は未だ45％程度の水準にあったが、それ以降急速に減少して、二十世紀の終わりには5％程度まで落ち込んだ。つまり二十世紀後半の五十年ほどで日本は完全に農業社会からの脱皮を遂げたといえる。

一九六〇年代以来の経済の高度成長は、農村においても都市においても、これまでの地域社会を大きく変容させた。農村部の若い労働人口は、東京―名古屋―大阪―北九州に至る太平洋ベルト地帯に急速な移動を遂げた。第一次産業人口は急減し、農業の担い手は中年世代からさらに高齢世代へと代わっていった。いわゆるじいちゃん―ばあちゃん農業の出現である。それとともにかつての活力に富んだ地域共同体は、次第に力を失い、農村社会に古くから伝わる伝統的な行事や、近隣の助け合い活動が衰退していく。他方、都市においては、従来から都市に住んでいた人々（旧住民）に対して、新来の住民の比重が高くなっていく。工業地帯では、大量の若年労働力が流れ込んだ結果、下町の人々の間に培われた地域の人間関係が希薄になっていった。それを典型的に示しているのが、六〇年代の後半以来大都市の周辺に次々と作られていった「団地」である。住宅公団が設営した新興団地は若い勤労者が住民の大半を占めた。若年層の町とそれを取りまく農村の面影を残した地域社会とでは、生活観にしても、暮らしのスタイルにしても、大きな断絶があった。こうして、農村部においても都市部においても、地域社会の連帯感や「我々の町」意識は次第に希薄なものになっていった。

二十一世紀に入って、地域社会はさらに大きな再編成の時期を迎えている。俗に言う「平成の大合併」が進行し、それまで三三〇〇余りあった市町村が、一〇〇〇程度にまで減少しつつある。つまり、かつての町に比べて、いずれの地域においても、一つの自治体の領域が、平均すれば三倍程度に拡大したことになる。単位自治体の財政規模の拡大と効率性の追求を目的としたこの政策は、地域住民の立場から言えば自治体のサービスの低下をもたらし、また「我が町」意識の希薄化を進めることになるであろう。地域社会の存在感はますます見えにくなっているというのが、現在の状況である。

2　現代社会と地域集団の意味

かつての日本人の生活においては、血縁と地縁が大きな意味を持ってきた。血縁は、家族という集団の土台であり、地縁はまた、農業や商業をはじめ、産業を生み出す基盤となって来た。そのことを象徴的に示す事実は、結婚相手の見つけ方にある。嫁を探す手づるとして、第一に血縁、第二に地縁が大きな意味を持っていた。嫁は、血縁をたどり、また地域に住む人たちの縁故関係によって探された。ところが、産業社会が出現して、第二次産業、第三次産業の勤労者が増えてくると、結婚相手は、職場を同じくする上司や同僚の縁を頼って求められることが増えていった。地縁に対する「職縁」の誕生である。また、同じ学校でともに学んだ「学縁」によるケースも多くなった。人々のつながりにおける地域集団は、次第にその存在価値を失い、それに代わって産業社会の存在感が飛躍的に大きくなってきたと言える。現在ではもはや、地縁というものはほとんど必要を感じないと言っても過言ではない。

しかし、地縁なるものは、全く存在意義を失ったのだろうか。そうではない。現代の社会の最重要の課題である教育と福祉において、地域なるものはむしろ、新たに要請されているのである。第一に、教育の問題は地域をなくして解くことはできない。教育における三本の柱として、家庭教育、学校教育、社会教育を挙げるのは教育界の常識である。かつてはそれなりにバランスの取れていたこの三者の関係が高度成長期以来大きく崩れていった。学校教育への過大な期待が膨らむ中で、家庭教育の力が弱まり、かつては大きな意味を持っていた社会教育、とくに地域の教育力に至っては、ほとんどその力を失ってしまったように見える。だが、子どもの成長にとって、学校に全てを期待することは大きな問題を抱えている。学力としつけの双方を学校に押しつけるのは無理がある。学校の歪みや限界を浮き彫りにしたいじめの問題や暴力の問題は学校への過剰な要求と無縁ではない。その解決は地域社会が学校と深く関わることによってしか達成できない。

家庭の教育力の減退は、かつての大家族から核家族への移行がもたらした当然の結果である。三世代が協力しあって生活する大きな家族においてこそ、しつけや道徳教育を子どもたちにしっかり与えることができた。サラリーマンで、家庭にいることの少ない父親や、働くことも多い主婦の二人だけで、幅の広い人間教育を子どもに施すことには大きな困難がある。

昔の子どもたちは、家庭の中で育つ以上に、地域の中で育ったということを思い起こす必要がある。隣近所の「小父さん・小母さん」も、両親と同様に、ある時は子どもを叱り、ある時は子どもを助ける人間教育の協働者であった。その、「社会教育」の力は、侮りがたい影響力を子どもたちに対して持っていたのである。

閉鎖的な学校の中だけで子どもの教育が完結しないという事実は広く明らかになっている。学校は、いわば、悲鳴をあげて家庭や地域社会が子どもたちの教育により深い参画をするように求めている。「学社連携」が叫ばれ、さらには「学社融合」までが求められる状況が広がっているのである。かつての地縁そのままではないにしろ、地域の人々の新たなつながりと協力が子どもの教育のために必要になってきている。地域社会は、教育の視点から再建されなければならないのである。

他方、高齢社会が急速に広がる中で、社会福祉の視点からも地域の役割が無視できないものになってきている。二十世紀の終わりに日本の福祉サービスは、大きな転換を遂げ、それまでの措置の時代から、契約の時代へと変わった。介護保険制度が作られ、福祉サービスの内容を行政が一方的に決めるのではなく、市民の側も福祉に対する準備を積み上げ、公的な支援も導入しながら、自らの福祉プランを設計していく、という状況がやってきた。ここにおいて、重要になってきたのが、地域における支え合いの進展である。核家族の果てに高齢の夫婦同居が増大し、さらに独居高齢者が増加する中で、介護保険の隙間を埋めるコミュニティ福祉の活動が生まれてきている。介護における難問題は、認知症の増加である。このこと自体は避けがたいことだとはいうものの、認知症の発症や進行を遅らせ、安定した暮らしを高齢者に保証するためには、介護保険のサービスを越えた地域の人々の見守りや手助けが欠かせない。かつての向こう三軒両隣の発想を、住民の相互監視ではなく、相互援助として再利用する必要が生まれてきた。福祉とは、日常的な幸福感の保証を課題とするが、それはまさに、地域社会の重要な機能のひとつである。こうして、二十一世紀型福祉を作り上げていくために、再び地域社会に目を向け、「我が町」にともに住む人たちのコミュニケーションと協力関係を組み立てることが求められている。

3　コミュニティを育てる余暇

余暇には人と人とのつながりを作り出す力がある。それも仕事による人と人とのつながりが合理的で冷静（言葉をかえれば打算的）なものであるのに対して、余暇や遊びによるそれは人の心の深層に分け入った情緒的かつ全人的なものになる可能性を強く持っている。人がお互いによく理解し合い、人格的な交わりを結ぶためには、「余暇と遊びの共有」は重要な活動である。ビジネスの世界でも、商談を兼ねて酒食をともにしたり、マージャンやゴルフのようなゲームを行うことがよく見られる。これらは遊びをまじめな交渉の潤滑油に使うという以上に、遊びをともにすることから、相互の人間的な信頼感を引き出すことをねらっているのである。

　余暇活動それ自身も、多くの人々と共同することによって、より複雑で面白いものへと発展する。たった一人で行うのでは、休息や気晴らしはできても、心をひかれ、熱中できるような高次の余暇体験は難しい。トランプもマージャンも遊び仲間が必要だし、野球やサッカーのようなスポーツを楽しむには、もっと多くの人々を組織してチームをつくらなくてはならない。

　コミュニティの余暇活動の充実のためには、地域に根を下ろしたさまざまなスポーツ・文化・レクリエーションのグループやクラブがつくられ、子どもから高齢者まで、勤労者とそれ以外の人たちをつなぎ合わせていくことが欠かせない。ここにコミュニティの余暇の組織化が求められる理由がある。その課題を三つの面から考えてみよう。

余暇の共同化…地域に〝遊び仲間をつくる運動〟

　一人で遊ぶよりは二人で遊ぶ方が楽しく、二人よりは三人以上の方がもっとおもしろい――これは子どもにも大人にも共通する遊びの原則である。共同化によって余暇活動は質・量ともに進化する。そこで、よりダイナミックに大きく遊ぶために、遊び相手や遊び仲間を職場や学校ばかりでなく、家庭と地域に求める運動を展開したい。ここで重要なのは家庭の余暇活動を閉鎖的なものとせず、互いに家庭を開きあって、家庭を地域に接続することである。これが余暇の組織化の出発点となるテーマである。

子どもたちや主婦や高齢者（全日制市民）にとっては、遊び仲間やレクリエーションの共同者を地域に求めるのは当然のことであろう。しかし勤労者（定時制市民）にとっては、このことが「働き過ぎ」のライフスタイルを転換する大きな契機となる。勤め帰りに一杯やるというのは多くのサラリーマンのささやかなレクリエーションであるが、その相手が職場の上司や同僚でなく、近隣の知り合いに代わるなら、酒を飲む場所や飲みながらの話題が仕事に関わるものから脱皮するのはもちろん、その次の行動も大きく変化する。地域の飲み仲間から、家庭ぐるみの交流やスポーツクラブが生まれ、さらには多様な市民運動が育ってくる可能性も大いにあるというべきだろう。

クラブを育てる…地域の〝たまり場〟づくりの運動

さまざまな余暇活動の愛好者が集まるとそこにクラブが生まれる。多様なクラブを地域に数多く育てることが余暇の組織化の中心的な課題である。

ここでクラブというのは、単なる人の集まり（グループ）とは異なる。クラブというからには自律的な運営体制をもち、拠点となる〝たまり場〟が獲得されていることが必須の条件である。さまざまなスポーツ・文化・学習活動を多様に楽しむのがクラブ・ライフである。そこにメンバーがたむろして社交の楽しみを味わいながら、それも理想的には、欧米のクラブのように自前の集会施設をもつことが望まれる。スポーツクラブならば、コートやグラウンドや練習場などのスポーツ施設が安定して使えなければ、活動そのものが成り立たないし、文化・学習型のクラブでも固有の施設があれば、活動はさらに充実するだろう。そこでクラブ組織化の課題は次の環境づくりの課題に直結する。

クラブという英語に明治時代の日本人は「倶楽部」という漢字を当てていた。「倶に楽しむ部」という意味を込めたもので、けだし名訳と言えよう。クラブはメンバーが共同して運営に当たる民主的な組織である。その点で指導者中心の「道場」や「おけいこ塾」とは基本的に違っている。メンバーが手間と費用を分担し、運営に参画しながら、自分たちの楽しみ(レクリエーション)を自立的につくりあげていくのがクラブの理想像であり、そうした観点から言えば、クラブは「余暇のための共同組合」と言ってもよい。

日本の現状では、「クラブ」という名称はついていても、運営体制の不明確な単なるグループに過ぎなかったり、〝たまり場〟としての機能をもたない教室風のものが少なくない。また運営体制は整っていても実質的には〝ミニ天皇〟の支配する非民主的なクラブも見うけられる。さらに「スイミング・クラブ」や「アスレチック・クラブ」のような商業的スポーツクラブでは、メンバーは単に利用客に過ぎず、運営への参画の要素が全くないものが多い。これらはみな似而非クラブであり、運営の原形はかつての町道場と変わらない。

市民が共同出資した自立的なクラブをつくるために、NPO（非営利活動法人）のような法制度をもっと活用すべきであろう。市民が自らの意思で作り上げ、運営していくNPOはコミュニティにおける余暇活動の中心的存在になるはずである。

地域団体活動の中での余暇プログラムの充実

組織化の課題のうち忘れてはならないのは、地域におけるさまざまな団体活動の中での余暇（レクリエーション）プログラムの問題である。地域には、子供会、青年会（団）、婦人会、町内会、自治会、PTA、老人クラブなどの地域団体が結成されて一定の役割を果たしている。そしてそのいずれの団体でも、親睦行事を中心とした余暇・レクリエーション関連のプログラムが組まれている。その内容の善し悪しはそのままコミュニティ活動の質に影響を与えると言えよう。また、これらの団体の中には、その内部に余暇の各ジャンルに関わる専門部やクラブをもつものもある。団体を母体にして自立的な余暇・レクリエーションのクラブが育ってくる可能性も少なくない。

各団体はメンバーの連帯感を生み出すために各種のレクリエーションに力を入れている。

団体活動が不活発になったり形骸化してくると、レクリエーション以外に見るべき活動がない、というところも見受けられる。レクリエーションは団体活動の基盤になっているのである。しかし、多くの場合、その内容は一過性の行事にとどまり、しかも毎年繰り返されてマンネリ化し、魅力の乏しいものになっているものが少なくない。行事と日常活動の連続性も十分に意識されているとは言えない。そこで、これらの団体活動におけるレクリエーション・プログラムの活性化が、団体活動そのものの充実のためにも、大きな運動的課題となっているのである。

【参考文献】

(1)日本レクリエーション協会編『コミュニティ・レクリエーションの実践』ぎょうせい、1988年
(2)日本余暇会・実践女子短大生活文化研究室『身近な余暇環境を点検する』、1998年
(3)延藤安弘『「まち育て」を育む』東京大学出版会、2001年
(4)陣内雄次＋荻野夏子＋田村大作『コミュニティ・カフェと市民育ち』萌文社、2007年
(5)木下勇『ワークショップ―住民主体のまちづくりへの方法論』学芸出版社、2007年

余暇と新しい公共

1　余暇を「私事」から解き放つ

日本の社会では「余暇」なるものの存在感はまことに稀薄である。産業大国ならぬ「残業大国」を誇る労働時間の長さや、欧米では常識中の常識である週休二日制の不徹底、恥ずかしいくらい短い「バカンス」、あまつさえ「過労死」する勤労者が後を絶たない現状は、余暇がいかに蔑《ないがしろ》にされているかを如実に物語っている。

とは言うものの、この国に「余暇」の実態が全くないわけではない。少なからぬ人々がスポーツを愛好し（見るだけで自ら行う人は少ないにしても）、カラオケはじめ文化的余暇もそこそこに栄え、乏しい休日にはレジャー施設や観光地には人があふれる。人々は長い労働時間の隙間を見つけては余暇の楽しみを少しでもわがものとすべく奮闘している。

スポーツや文化活動や娯楽や観光は、それなりに国民の時間と金銭を吸い寄せている。そこに産業が生まれ、多くの人々がそれに関わって働いて生活し、それらについて調査も研究も行われている。だが、それはみな「各論」であって、もろもろの活動を総合した「余暇問題」として大きく捉える視点に乏しい。スポーツや観光をはじめ、およそ余暇なるものすべての基盤となる国民の余暇意識や価値観、余暇を生み出す法や制度や政策の現状や課題を追求する営み――つまりは総合的な「余暇学」の必要を考える人はまことに寥寥たる状況なのである。余暇という言葉はあっても、それは文字通り「余ったヒマ」であって、社会を考える重要なタームとしては認知されていない。

そのことの背景には、余暇が「私事」に過ぎないという捉え方があると思われる。単なる「わたくしごと」だから、他人が余計な世話を焼く必要もないし、政府が無用な介入をするなどは個人の自由の侵害になる…と考えている人が多いのだろう。それに対してわれわれ余暇研究者は異を唱えなくてはならない。余暇は決して私事ではない。それは社会の存立条件の一つであり、労働を人間生活に位置づけるのと同様に、余暇をどのように布置するかという問題は、社会生活、とくにその核心にある「公共性」をどうとらえるかという課題に直結している。余暇は人々の自由な結びつきを可能にし、ひとりひとりの可能性を顕在化するフィールドとして、政治と文化の多様な形態を紡ぎだす生きた場であるからである。

日本余暇学会は、第十五回という節目を迎え、二〇一一年秋、東京は日野市の実践女子短大で開かれた。今回の大会では、「公共性」を合言葉に余暇を私事から解き放って、社会生活という大きな舞台に乗せる方途を探ろうとしたのであった。

2 「余暇と公共」をめぐる論議

研究発表会では大会テーマに添う五題の発表が行われた。その中でまず、宮田安彦氏（大妻女子大学）による「生活の質（ＱＯＬ）からみた『社会的余暇』としての社会活動の意義」と題した発表を見てみよう。氏は従来「余暇」の枠組には入れられて来なかった社会的活動に注目する。「国民生活時間調査」では社会的活動は「拘束行動」に分類されているが、余暇概念を拡張して「高い質の余暇（ハイクオリティ・レジャー）」という視点を立ててその内容を検討すると、ボランティアのような社会的活動は、求道的精神に似た「関与」に向かう能動性や他者とのつながりなどを含めた自己成長の感覚を促進するハイクオリティ・レジャーと見なすことができ、「個人のＱＯＬの向上とその基礎にある社会機能の確保の両方を同時に満たしうる『社会的余暇』と認識すべき」であるという。

辰巳厚子氏（聖徳大学）は「新たな都市コミュニティと余暇の社会性」と題して宮田氏の発表と響きあう指摘をしている。「社会性を持つ余暇の広がりやボランティア、プロボノ(pro bono publico)、ＮＰＯ、ソーシャルビジネスなど『私を公に開く』動きが活発化している」

ことを踏まえて、「こうした動きの先には、個人の趣向を尊重しあい、その可能性がいかされる『多元社会』とその主体が共同して組み立てる『協働社会』の実現がある」と指摘する。余暇認識を変えて「社会的余暇」という視点を立てるなら、それは社会の新しい方向やデザインを考える上で重要なカギとなるというわけである。

その実例を宮本博文氏（中小企業診断士）が「東京都文京区におけるＮＰＯのコラボレーションについて」と題して紹介している。東京都文京区の自治基本条例（二〇〇五年）は、「地域社会を豊かなものにするために、区民、地域活動団体、非営利活動団体、事業者、区が相互に協力し、地域社会の課題を解決する」ことこそが住民自治の原則であるとして、地域公益活動情報サイト「こらびっと文京」を開設するなど、さまざまな団体間の情報交換と協働を進めようとしている。

より具体的な社会的余暇の実践としては、澤内隆氏（六本木探検隊）の「新しい公共を目指す社会性余暇の実践」と題した発表があった。「六本木探検隊」の肝煎りで始められた、三陸の大船渡市と東京タワーによる「さんままつり」の成功が、今次の震災でも威力を発揮し、そのつながりを生かした多角的な復興支援が行われていると言う。澤内氏は「ヒラメキ・トキメキ・キラメキのあるイベントコンテンツを創出することが新しい公共のキーワードとなるのではないか」と指摘している。

そのほか、今防人氏（日本大学）の「共同性再考―東日本大震災が引き起こした思想状況」は、東日本大震災を契機に噴き出してきた日本人が有する「共同性」に再び注目すべきだと述べている。また、加藤裕康氏（東京経済大学）の「メディア社会における公共性の諸問題」は、政治や公共圏への参加の機会を逸してきた市民にとって、インターネットに代表されるパブリック・アクセスの登場が大きな可能性を持つ一方、情報社会が監視社会化の強化につながる問題性をも指摘している。これらの視点をさらに掘り下げて、日本人の共同性における余暇的なものの果たした役割（例えば祭り）を追及したり、インターネットの利用と公共意識の生成とを結びつけて検討すれば、余暇が孕む多様な課題が浮かび上がってくるのではないかと思われた。

3 「3・11」以後のライフスタイル―「公」と「私」の交わる場所

稲垣正浩氏（21世紀スポーツ文化研究所主幹研究員）は日本余暇学会の講演で、スポーツを素材としつつ、近代社会のあり方の根本的な転換について考察された。氏によれば、近代の基本原理は「競争原理」であり、「自由競争」こそが社会を進歩させるとする資本主義の価値観が浸透していったのだが、近代スポーツは「優勝劣敗主義」を世界中の価値観として定着させ「資本の論理そのものが『正義』として世界に君臨するために大きな役割を果たした」という。

氏によれば3・11が露わにしたものはこの近代の行き詰まりであるという。ヨーロッパ近代の陥った「理性中心主義」（いわゆる、近代合理主義の考え方）の呪縛から抜け出すために、氏はバタイユを引いて、人間の持つ情動（欲望）を理性で封じ込めるのではなく、情動を理性の抑圧から解き放ち、真の人間の「自由」を獲得する方向を目指す以外にはないと指摘する。そしてその一環として「『公』と『私』の交わる場所」を取り上げる。

「〝3・11〟以後を生きるということは〝とりもなおさず〟近代社会の生み出した論理を超克して生きること以外にはありえません。「公」と「私」の問題もその一つだとわたしは考えています。つまり「公」と「私」の間には明確な境界線はないというのがわたしの考えです。すなわち「公」は「私」なしには存在しないし「私」は「公」を無視して存在しないということです。もっと言ってしまえば、「公」と「私」は一つだという考えです。」と氏は語っている。

氏の言われる「公」と「私」は、労働と余暇に置き換えて考えることもできるかもしれない。価値を生産する行為としての労働をメインに置いて、その労働力を再生産する機能として余暇を位置づけるというのが「近代」の論理であったが、近代社会を超克するためには、労働と余暇の分断を超えて「両者が交わる場所」を設定することが必要になっているのではないだろうか。そしてそれこそが「社会的余暇」であり、労働力の再生産ではなくて社会そのものを再生する新たな市民的活動の原資として余暇を捉えるということが今求められているのだと思われた。

4　ワールド・カフェの論議と社会関係資本

学会大会の最後を飾るプログラムとして「ワールド・カフェ」方式による全体討論が行われた。ここで「ワールド・カフェ」を取り上げたのは、市民的「公共性」は、コーヒーを飲みに集まった人びとが自由に意見を言い合える、カフェ（コーヒーショップ）から生まれたという故事を踏まえている。

通常の討論会においては、発言者あるいは議論の方向が限定されてしまったり、時間の制約から多くの参加者が意見を述べられずに終わってしまうことが少なくない。ワールド・カフェは、一方的な議論や表面的なタテマエでのやりとりに陥らないように、多様な参加者がざっくばらんにそれぞれの見方・考え方を出し合えるような「会話の大切さ」を重視する。そして少人数のテーブルで一定の時間議論をした後、ホストを残してメンバーは他のテーブルに移動して、また新しいメンバーと論議を続ける。多くの他者との意見交換を経て（ワールド・カフェの用語では「他花受粉」という）、新たな知見を産み出そうという狙いがある。

　今回のワールド・カフェは各テーブルに用意されたワインの効果もあって論議が盛り上がり、余暇や観光をはじめ日本の社会と文化のあらゆる方面にわたって論議が飛び火して行った。その具体的な内容は別の報告に譲る(1)が、「カフェ」という余暇の一形態が人々の「つながり」やその延長上にある社会性、公共性に直結していることを改めて感じさせられたひと時であった。

　公共性の論議は当然政治と関わる。しかし、われわれ日本人は先進国では低水準の政治意識しか持ちあわせていないように思える。それは筆者に言わせれば偏に私たちが政治の土台であるべき余暇に恵まれていないからである。政治を行うためには多忙からの解放が必須である。この社会のどこに問題があり、その解決策は那辺にあるのかという論議を延々と飽きるくらい語り尽くすほどの暇がなければ、私たちが政治の難しさや面白さや、それらを包み込む政治の真の重要性に気づくことはできないと思う。

　余暇を政治と結合する場として「コミュニティ・カフェ」という試みが登場している。地域に気楽に集まることのできるたまり場を用意し、「カフェ」の茶飲み話に花を咲かせようという意図で作られている。普通の喫茶店と違って、設立したのは市民の有志で、運営形態も協同型というのが一般で、NPOの認証を受けているところも多い。無縁社会に陥って、隣人が亡くなっても誰も気づかないような人間砂漠が広がる現在、近隣のつながりを少しでも回復して、地域の支えあいを取り戻そうというのである。

これらの活動は、いわゆるソーシャル・キャピタル（Social capital, 社会関係資本）の充実につながる。ソーシャル・キャピタルは、一言で言えば社会に生きる人々相互の信頼関係の集積であり、そこから、人々の協力や協働が生まれ、規範が形成される。3・11を経た日本社会が目標とするべきことは、ソーシャル・キャピタルを豊かにする方策を探ることである。そしてこの資本の原資は人々の余暇に他ならない。余暇を個人生活の壁の内側で消費するばかりでなく、それを外に持ち出し、みんなで持ちより、余暇の共同化を進めること、私たちの未来をそこに賭けたいというのが今回の大会を終えての感想である。

【註】

（1）佐藤生実「新しい公共に向けて―ワールド・カフェの試み」日本余暇学会『余暇学研究』第15号、2012年

第三章

癒しとしての余暇

余暇という福祉資源

1　生きることを楽しむ：余暇と遊びの存在理由

福祉という言葉が「よりよく生きること」さらに「楽しく生きること」を含意していることは言うまでもないだろう。誰もが人としてこの世に生を受けた以上は、楽しく、面白く、美しく生きて「生きる喜び」を満喫したいと願っている。それはまことに正当な願いであって、誰に対しても拒むことができない。子どもから高齢者までそのことは貫徹しているし、また何らかの障害のために生きることに困難を感じる人においても、むしろ生き難いが故にこそ、楽しみへの希求はさらに強いものとなるだろう。

生きることを楽しむために人に与えられているのが「余暇」や「遊び」である。余裕の時である自由な時間、そして楽しみがさまざまに具現化した多彩な遊びのプログラムがあって、人は初めて「生きることが楽しい」という実感を得ることができる。人間が人間らしく生きるためには余暇というゆとりを得て、遊びという快楽を追求しないわけには行かない。

遙か昔、アルタミラの洞窟に野牛の絵を描いたころから、人類はどうやら遊びの価値に目覚め、それを拡大・深化させることに力を注いできたのである。

とはいうものの、余暇と遊びは長いこと、人間の中でもごく少数の支配階級＝余暇階級に独占されてきた。社会全体の余剰が乏しい状況では、人民大衆は営々と働かざるを得ず、遊びは個人のものにはならず、共同体の祭りのような集団的な場面でのみ開花することが許されていただけであった。状況が変わるのは産業社会が始動して、ものの豊かさが広がり、社会の上層のみでなく下層に至るまで生活のゆとりを享受することができるようになってからである。それでもごく最近まで、多くの勤労者は「労働の呪縛」のもとに留められていた。余暇で身体を休め、遊びで心を元気にするのはあくまで明日の労働のエネルギーを充填するためである。遊びの快楽を野放図に承認すれば、人々はつらい労働を忌避して怠惰に陥るか、「飲む・打つ・買う」のやくざな生活に堕することになる。余暇や遊びが許されると言っても、それは「仕事に差し支えのない範囲」で「社会の良識に適う健全なかたち」で行われるべきものだとされた。言うところの「余暇善用論」であり、「余暇はすべからく善用さるべし」というこの教義は、強固なイデオロギーとして人々の生活を規定してきた。

働く人々にとっても余暇や遊びの承認が「労働のために」限定的に承認されただけだとすると、働かない・働けない人々＝つまりは福祉サービスの受給者＝にとって余暇や遊びは

「あってはならない」ものであるしかない。働けない人が社会の恩恵に縋って生きるようとするなら、彼や彼女は身を慎んで一般勤労者の生活水準より一段劣った生活に甘んずるべきであり（劣等処遇原則）、余暇や遊びがあっても、それは身の程をわきまえた健全なものであることが求められた。こうして社会福祉には「清く、正しく」という禁欲的なイメージが長くつきまとうことになった。福祉施設には笑いや悪ふざけがふさわしくないものとされ、入居者も世話をする人も「マジメ」であることが求められてきた。福祉サービスが長く続いた労働の呪縛を越えて、余暇や遊びそれ自身の価値を追求できるようになったのは、ごくごく最近のことと言ってよい。

2　高齢化の進展と余暇と遊びの拡大

禁欲主義的だった福祉文化が変容し始めるについては二つの力が働いたと見ることができる。一つは内発的なもので日本の社会の高齢化が急速に進んだという事実である。現在すでに国民の二割を越える高齢者は、経済的にも文化的にも無視できない勢力となった。高齢前期ではまだ身体も元気で、収入もそこそこにあり、それなりのストックを持っている高齢者が少なくない。彼ら、彼女らは当然、活発な余暇活動＝文化・スポーツ活動に邁進する。

現在、余暇マーケットの支え手として高齢者の存在は無視できないものとなった。ゲートボールに始まる高齢者スポーツは年々盛んになり、種目も拡大している。近年、高齢者が山で遭難する事件が頻繁に報道されるが、これは登山技術の問題と言うより、何よりも高齢の登山客が急増したという事実の反映であろう。クラシック音楽や絵画や演劇のような領域でも、高齢の観客が圧倒的に多いし、地域では創作に参加する高齢者も増えている。地域の公民館やカルチャーセンターに行ってみても、歌舞伎座や能舞台やあるいはオペラの公演を覗いても、熱心な高齢者が主要な観客を占めている。いまや、高齢者文化は社会の片隅のサブカルチャーであることを脱して、この国のメインカルチャーを担い始めていると言っても過言ではない。

社会福祉サービスの現場にもこの影響は如実に現れている。垣根の外の文化水準が上がれば、垣根のうちである社会福祉の現場も安閑としてはおられない。労働のくびきから解放された高齢者の生活は、いやおうなく余暇時間が拡大する。基礎生活（食事や排泄）に多少の手間と時間がかかるとは言え、一日の大半は余暇となる。この時間が空白で無意味な時間となれば、高齢期の生活そのものが否定されることになる。老人ホームでもデイサービスでも、認知症対応の施設でも余暇の活用としてのレクリエーション援助は、処遇の重要なテーマたらざるを得ない。実際、全国の老人福祉施設での余暇と遊びの活用は、この十年ほどの間に長足の進歩を遂げた。具体的な手法としては、古典的とも言える集団的レクリエーションから始まり、個人の趣味の開発、年中行事の活用、リハビリテーションと連動した楽しい運動のプログラム、音楽療法、園芸療法など「セラピー」の発想を含んではいるが「楽しさ」に力点を置いたプログラムまで、多種多様なメニューが作られ、それに見合う用具や設備の開発も進んでいる。先進的な現場では、従来の余暇善用的な「与えるレクリエーション」ではなく、利用者の意欲を引き出して新たな創作に向かうという実践も広がっている。認知症高齢者がコーラスや絵画制作や「語り部」や演劇に挑戦するという例も見受けられるようになった。総じて言えば人間の持っている可能性を最後まで引き出し続けることが福祉サービスの目指すべき目標になったのである。笑い声の絶えない楽しい老人ホームやデイサービスが高齢者福祉の日常の風景になろうとしている。禁欲主義に代わる快楽主義的福祉文化が、いまや全国を席巻しつつあると言ってもよいだろう。

3　余暇と遊びのノーマライゼーション

もう一つの力は外からやって来たノーマライゼーションという思潮である。障害があろうとなかろうと、人は誰も日常生活の中でごく普通に暮らすことができなくてはならないというノーマライゼーションの考え方は、それまでの社会福祉を覆ってきた劣等処遇原則への根本的な挑戦であり、障害者にとってはまたとない福音だった。車椅子生活で外出もままならなかった障害者が堂々と街を行き、バスにも電車にも容易に乗ることができ、映画館でもレストランでも入場を拒まれることがなくなる。飛行機に乗って外国旅行を楽しんだり、健常の人々とともにテニスに興じ、車椅子バスケットのような独自な種目を開発してスポーツの世界を広げることも可能になる。さらには音楽でも絵画でも、ハンディキャップを乗り越えて表現の世界に挑戦する。見えない人が絵を描いたり、聞こえない人が音楽を奏でたりすることだってあっていいのである。こうした考え方は障害者の生活圏を飛躍的に拡大し、生きることの手応えを感じ取るために大きな役割を果たした。

ノーマライゼーションは労働も含めて生活全般に渡って追求されるべき理想であるが、とくに余暇や遊びの世界において、その可能性が如実に現れる。障害者の多くは働くことを志向しながらもその可能性は低かった。障害者を受け入れる職場は少なく、能力はあってもそれを開花させるチャンスはきわめて狭いものだった。「労働の呪縛」は障害者にも当然浸透していたので、まともな仕事のできない障害者が余暇を楽しんだり、遊んだりすることは論外、という圧力が障害者の楽しむ権利を押さえつけていたと言えよう。余暇と遊びのノーマライゼーションの思想は、労働の圧力を突破する助けになった。障害を乗り越えて楽しむことが個々の障害者の潜在していた意欲や能力の開発につながり、社会参加の道を広げてきた。その典型はパラリンピックで、四肢の一部を失った人々が見せるほとんど超人的な美技が一般の人々を魅了し、障害者の社会的地位を高めることに一役買ったことは確かであろう。

とはいえ、パラリンピックに出場できるのがほんの一握りの例外的障害者であることを忘れるわけにはいかない。むしろごく普通の障害者が日常的な楽しみをもっと幅広く、奥深く追求できるような条件づくりが大切である。筆者は永年、障害者のレクリエーション開発をテーマの一つとしてきたが、かつての障害者レクリエーションが「障害があってもできる」簡単で、程度の低いレクリエーションに傾いていたことを今では深く自己批判している。障害者レクリエーションの理想は、あらゆるスポーツ・レクリエーション・文化活動への障害者のアクセス権をいかに保証するかということを主要な課題とすべきだというのが現在の状況である。海に潜ったり空を飛んだりするような大がかりな活動も、障害者にはどだい無理、と諦めさせるのではなく、車椅子の人が潜水したり、手足の不自由な人が空を飛ぶためにはどんな援助が必要かを考えることが余暇と遊びのノーマライゼーションのテーマなのである(1)。

4　余暇と遊びから福祉を見直す

福祉現場の余暇と遊びを拡大する上で大きな役割を果たしてきたのは、介護福祉士のカリキュラムに「レクリエーション援助」が位置づけられたことであった。楽しみを援助することは介護サービスに欠かせない重要な要素であるということが宣言されていたと言えるからである。ところが二〇〇九年から実施されたカリキュラム改訂で、レクリエーション援助は姿を消し、現場の重度化を理由に、生活介助の技術面や認知症の理解とコミュニケーションを重視した新カリキュラムが施行された。この制度改革によって、せっかくある程度の定着を見た「生活を楽しむ福祉サービス」の後退を招くのではないかと、多くの福祉レクリエーション関係者は危惧している。

とは言え、これまで述べてきたように、高齢者にとっても障害者にとっても、余暇と遊びが生活の中で占める位置の大きさは否定すべくもない。実際、老人ホームでもデイサービスセンターでも養成カリキュラムから外されたからといってレクリエーション・プログラムをやめるわけには行かない。それどころか、サービス利用者の中に認知症の高齢者が増える事態の中で、その人々に対応する生活活性化のプログラムをどう進めていくかという視点で、余暇やレクリエーション援助の拡大と深化がますます重要な課題となってきている。これからは「介護」という仕事の一小部分としてのレクリエーション援助でなく、作業療法をはじめ、多彩なセラピューティックな活動とも連動させた新たなレクリエーション援助のシステムをどう立ち上げるかを検討して行かなくてはならない。今回のカリキュラム改訂を「後退」と受け取るのではなく、新たな前進の契機として受け止め直すことが求められている[(2)]。

最後に福祉文化研究のあり方について触れておきたい。「福祉の文化化、文化の福祉化」を目指す福祉文化研究とは、換言すれば、福祉を文化の視点から批判し、また文化を福祉の視点をもって批判的に考察することを基本的な姿勢として持つものであると筆者は考えている。余暇と遊びというテーマに引き寄せて言うなら、現今の福祉サービスを「余暇と遊びの相のもとに」眺め渡し、点検し直して、その現実を成り立たせている人々の集団的無意識やイデオロギーを批判していくことがわれわれの役割であると考える。日本の福祉の現実は、未だに余暇と遊びを福祉サービスの真正面の課題として位置づけ切れていない。その背後には依然としてわれわれを呪縛する労働の神話や劣等処遇の発想がある。この十年ほどの新自由主義的な競争原理を見直そうという潮流が力を得、その波涛に乗って日本社会の永年の懸案であった政権交代が果たされた今、福祉の世界も一つの転換点に達しているということができよう。その方向の中で「余暇と遊び」をどのように理論化し、その上に立ってどうやって新鮮な遊びのプログラムや余暇環境を生み出すことができるかを考え続けたい。

【註】

（1）障害者レクリエーションの新たな課題については、薗田碩哉「障害者レクリエーション発展のために」(財)日本障害者リハビリテーション協会『深めよう、レクリエーション』(2009年)を参照されたい。

（2）福祉レクリエーションの後退と福祉文化研究の課題については、薗田碩哉「文化批判の学としての福祉文化研究」『実践女子短大紀要』第30号（2009年）に詳述した。

認知症をどう生きるか

五人に一人が高齢者となる超高齢社会が到来して「老い」の問題は個人的にも社会的にも避けて通れない課題である。「いかに生きるか」というテーマは、かつては人生にどんな夢を紡ぐかという前向きの課題だったが、高齢期になるとそれは「いかに老い、いかに死ぬか」という問題になってくる。敵に向かって攻め込む勇ましい軍隊ではなくて、死という背後の敵に追われながら必死に逃げ続ける殿《しんがり》軍の状況というべきか。そこで浮かび上がってくるのが「認知症」という「生き方」である。

1 増える認知症

認知症とは有り体に言えば「ボケ」である。人間らしさの中心にあるべき「理性的なるもの」が失われ、記憶が定かでなくなり、判断力も低下し、ついには感情面まで異変を来す。いうなれば「ホモ・サピエンス」の失墜である。因みにサピエンス(sapiens)はラテン語の「知る(sapere)」という動詞の現在分詞で、人間の動物学上の命名は「認識するヒト」というわけだから、認識力が壊れるのはまさしく人間失格ということになるだろう。

認知症とは何か、という定義を押さえておこう。国際疾病分類によれば、認知症とは「獲得した知的機能が後天的な脳の器質性障害によって持続的に低下し、日常生活や社会生活が営めなくなっている状態で、それが意識障害のないときにみられる」というものだという。意識はしっかりしていても知的機能が低下してしまうこと、その原因は脳そのものが壊れていくことによる。いわば脳というコンピュータの部品が破損して、まともな作業ができなくなり、トンでもない暴走を始めるのである。

認知症の代表格といえばアルツハイマー症候群だが、今では子どもでも知っているというぐらい人口に膾炙した用語となった。それというのも「アルツハイマー」が増えて、誰もが身近に一人ぐらいは実例に接することがあるからだろう。筆者自身も複数の知人にアルツハイマーが出現している。古い友人の細君はまだ五十代というのに若年性のアルツハイマーを発症し、その状況を見るにつけ聞くにつけ、何とも暗澹たる気持ちになる。物忘れがひどくなった、という辺りから始まり、やがて日常のさまざまな行動—買い物や料理や片づけなどがうまくできなくなり、ついには周囲の誰が誰とも分からなくなってきて、人柄も一変して乱暴を働き、排泄行為にまで異常を来す。わが友人は定年をだいぶ前にして勤めを辞め、細君の介護に専念するようになった。四六時中の身の回りの世話もさることながら、何より辛いのは人格が壊れて全くの別人になり、亭主でさえもよく分からなくなってしまうことだという。長年連れ添った女房が異星人になってしまうことの悲しみ、いやそれ以上の恐怖や打撃は想像に余りある。思わずわが女房の顔を見て「どうかいつまでもまともであってくれ」と祈りたくなる心境である。当然、女房の方もそう思っているに違いないが。

2　認知症に対抗する

認知症には大別して二つの種類がある。脳梗塞や脳出血によって脳の部位が損傷を受けて生じる脳血管性認知症は、いわば血管の病だから、治療法も予防の仕方も分かっているが、先述のアルツハイマーは、脳の神経細胞が死滅、脱落して脳が萎縮して生ずる変性疾患であり、その病態は分かっても今のところ原因はよく分かっていない。つまり治療も予防も不可能ということになる。それだけに高齢期の生活を脅かす大きな脅威であり恐怖になっている。

とはいうものの医師の中には「認知症は改善できる」と嬉しいことを言ってくださる方もある。その要点は以下の通りだ。すなわち、脳は日々進化しており、新しい学習によって神経ネットワークをつなぎ変えることは高齢期になっても行われる。再生しないと言われてきた神経細胞自体も海馬領域では新しい細胞が生まれているという学説もある。脳も筋肉と同じで使わなければ退化する（廃用）。そこで適切な「脳活性化」によって廃用を阻止したり、緩やかな回復を期待できる、というのである。

では、大切な脳を活性化してくれる「脳リハビリテーション」のポイントは何だろう。群馬大学の山口晴保医師は「快一徹」論を展開して以下の点が重要だとしている。

（ア）　快い刺激を与える（快というクスリ）
（イ）　コミュニケーションの促進（笑いは伝染する）
（ウ）　役割が生きがいを作る
（エ）　正しくできること（達成可能な課題）を繰り返す

この指摘を読んで筆者は「我が意を得たり」と膝を叩いた。筆者は永らく日本のレクリエーション運動に関わってきた。若いころはレクリエーション活動によって職場の和を作るという職場レクリエーションがメシの種だった。もっとも企業の推進した職場レクリエーションは、多分に若年層に対する労務管理臭の強いものだったが、オイルショック以後は、職場レクリエーションが急速に衰退し、それに代わって楽しい学びを演出する学校レクリエーションや「まちづくり」に資するコミュニティ・レクリエーションの推進が課題となった。そして九〇年代からは、福祉現場で高齢者や障害者の余暇充実を目指す福祉レクリエーションが運動の正面に位置づくことになった（この辺りの流れをまとめた「日本レクリエーション運動史研究」で二〇〇七年、日本体育大学から体育博士号をいただいた）。

快い刺激を土台としてコミュニケーションの促進を図るレクリエーションこそが、脳リハビリの主流であるという山口先生の指摘は、福祉レクリエーションが介護予防という国家的な課題に応える重要な意味を持っていることを示唆している。実際、筆者自身も昨年あたりから介護予防講座に関わることが多くなり、あちこちで脳活性化レクリエーションの指導に忙しくなった。昔の職場レクリエーションの標語をもじって言えば「歌って踊ってボケ防止」というわけである。

3　認知症を受け入れる

ボケ防止レクリエーションは楽しいプログラムだが、それが特効薬だとは思っていない。幾分かは認知症の発症を遅らせることはできても、認知症に陥る人が減ることはないだろう。生は永遠ではなく、人はいつか成長を止めて次第に後退し、壊れて行く存在なのだから。むしろ認知症を忌避するのではなく、それを生の終焉期の生き方として受け入れた方がいいのではないかと思えてきた。それというのは、筆者と妻との両・両親は一人を除いて九十歳を元気に突破し、超高齢期を楽しく生き、現在、生き残ったわが母は九十六歳で健在である。そして程度の差はあれ、みんなボケを発症したのだが、親たちを見ているとボケることにも面白さや楽しさがあることを感じさせられるからである。

妻の母親が九十三歳の時、訪ねていくと「あの、どちらさんでしたかね」と真顔で聞いてくる。いつもは「あなたの娘の連れ合いでしょうが」とまともに答えるのだが、ふと思いついて「通りすがりのものですよ」と言ってみた。「あら、そうですか、わざわざスミマセンねえ」とのお答え、後は楽しく世間話が盛り上がった。と言っても過去と現在がこんがらかり、虚実が綯い交ぜになった不思議な会話で、ちょっとシュールな感覚を味わえた。

認知症という状態は、身は此岸にありながら心は半ば彼岸の世界に移っている。脳が解体されていく途上にあるということだから、それはちょうど生まれた赤ん坊が脳の神経繊維を張り巡らせ、自分という意識を紡ぎ出そうとしている辺りまで帰っていると見てもいい。屈託なく語り続ける義母はもはや一人の童子なのである。こうなればおそらく死の恐怖を感じることもなく、時間は過去も未来も失って、ただ「現在」の回りを幸福に回り続けるのみであろう。やがてその回転が終わるとき、魂は天への帰還を遂げるのである。

認知症とは「自己開発」を目指してより高い存在たるべく努力してきた人間が、人生の高みから「自己超越」して己を無化していく、生の転換点の表現形態だと見たい。そう思えば認知症の本人は確かに救われるのだが、そんなこと言われても救われないのは介護に当たる家族である。それが前述したような耐えがたい悲劇にならないようにするには、介護を家族にだけ押しつけて、閉じた家庭の中の悲惨な出来事にしてしまうのではなく、家庭を開き、周囲のサポート体制を整えて、「みんなで介護」の実現を目指す必要がある。子どもが地域の教育力で育つように、認知症高齢者は地域の介護力で守られなくてはならない。昨今のように福祉サービスにまで競争原理を持ち込んで、金さえあれば高次のサービスが購入できるが、金がなければ貧弱な施設でベッドに縛り付けるような事態を蔓延させてはならない。認知症が生の一形態であることが承認される政治をこそ、私たちは真剣に求めなくてはならないと思う。

【参考文献】
（1）小澤　勲『認知症とは何か』岩波新書、２００５年
（2）山口晴保『認知症の正しい理解と包括的医療・ケアのポイント』協同医書出版社、２００５年

福祉レクリエーションの質的転換

はじめに

いささか旧聞に属するが、二〇〇一年八月二十六日の読売新聞に「工夫の足りないレクリエーション」と題して、高齢者デイサービスで、利用者の期待に反した「幼稚な」レクリエーションが行われているという批判的な記事が掲載された。利用者の不満を紹介するとともに、現状は「ほとんどの施設では利用者本位という意識が低く、昔ながらのレクリエーションの押しつけになっている場合が多い」というレクリエーション専門家のコメントも添えられていた。

デイサービスや老人ホームでは、レクリエーションは日常のプログラムとして欠かせないものである。利用者は有り余る自由な時間を持っており、それを空虚な時間に止めるか意味ある時間にデザインするかは、福祉サービスの根幹に関わるからである。介護福祉士養成のカリキュラムに「レクリエーション活動援助法」が置かれていた（二〇〇九年の改訂で姿を消した）のもそのことが踏まえられたからこそであろう。レクリエーションに求められる課題は大きいが、しかし、現実のレクリエーションが利用者の意欲や身体的・文化的な欲求に応えるものになり得ているかというと残念ながら道は遠い。本質的には個別的なプログラムであるはずのレクリエーションを利用者ひとりひとりの希望や能力に見合って提供するという目標に照らしてみると、現場の条件は、人的にも施設や用具の面でも予算的にもあまりに貧しい。養成カリキュラムには位置づけられても、現場でのレクリエーション・サービスそれ自体は介護保険の点数にならなかった。入り口にはあっても出口が保障されていない中途半端な存在に過ぎなかった。これでは「十把一からげにまとめて面倒を見る」式の集団型レクリエーションに傾斜せざるを得ないし、またその展開の仕方によっては支援者からの一方通行型の「押しつけレクリエーション」が広がって反発を招く事態も生まれざるを得なかった。

レクリエーションに期待されている高次の課題と、現実に行われているレクリエーションの貧しさとの落差をどう埋めていけばいいのか。この問題を解決するには、一方で現実に存在するレクリエーションを整理して、そこで求められている真の意味と価値を把握するとともに、そのことを手がかりに、レクリエーションの理想を実現できる新たなプログラムを、現実のレクリエーションを越えて探し出す必要があると考えられる。

1　どんなレクリエーションが行われているのか

全国の高齢福祉の現場ではどのような「レクリエーション」が展開されているのだろうか。現場のレクリエーションの総体を定量的に把握できる統計資料や調査は、現在のところ見あたらないが、部分的に行われている調査や事例紹介を組み合わせて現状を大づかみに把握することは不可能ではない。レクリエーションの専門雑誌や関連の書籍からレクリエーションの実践例を取り出し整理してみることにした。福祉現場で「レクリエーション」という名義を冠して行われているプログラムを総覧すると、それらを次の四類型に整理することができた(1)。

ⓐGSD型（集会レクリエーション型）

数人から数十人で一室に集まり、専門的な指導者（支援者）のリードのもとに一斉に行われる「楽しみプログラム」である。手足のさまざまな動きを引き出すゲーム（G）やみんなで歌う歌（S＝ソング）、音楽に乗って全員が動くダンス（D）の三種の活動が基調となって、導入（アイスブレーキング）から展開、まとめまで、多彩なプログラムが繰り広げられる。注目すべきことは、この進行にはグループワークの流れが意識され、参加者が自然にグループの雰囲気に統合され、集団のパワーによって元気回復と連帯感の醸成が目指される。一種のグループ・エンカウンターであるということができる。このプログラムの浸透が「レクリエーション」のイメージを「みんなで楽しく」に傾斜させてきたとも言えるであろう。

ⓑ趣味型（アクティビティ型）

一つの具体的な活動（身体的なものから文化的、精神的なものまで）を取り上げ、その活動の指導者（インストラクター）の援助のもとに集団または個人で楽しむプログラムである。体操や簡単なスポーツ、歌唱や踊り、折り紙から木工、陶芸などを含むクラフト、草花を扱う園芸、塗り絵や自由画や墨絵などの絵画、俳句や短歌などの文芸、さらには歴史をはじめ多彩なテーマで行われる学習活動まで、その幅と種類はますます拡大している。一般社会で従来から広く行われてきた趣味型のお稽古を福祉現場で改めて展開しているとも見られ、その多様性はそのまま、地域のカルチャーセンターにつながっている。こうしたプログラムを「アクティビティ・サービス」と呼ぶケースが多くなってきている。

ⓒ行事型

日本人の余暇生活には、四季の移ろいを行事化したものが重要な位置を占めてきた。正月の行事に始まり、春の花見、夏の盆踊り、秋のもみじ狩りと続く季節行事は福祉施設には欠くことのできないものと言える。近年はクリスマスをはじめとする西欧のキリスト教起源の行事や誕生会などの個人の祝いも定着してきた。さらに、季節のカレンダーとは別に、その施設や団体が考案した新たなイベント（○○祭りや文化祭など）も活発に行われている。

ⓓ生活型

楽しみは衣食住を基本とする日常生活そのものになくてはならない、という考え方から、毎日の食事に工夫をしたり（メニュー、盛りつけ、食器の選び方等）、部屋に花を飾ったり、BGMを流したりする試みである。これらの活動を「生活のレクリエーション化」と位置づけて積極的に推進している施設も多くなってきた。「レクリエーションとは生活の快である」と喝破されたのは、日本社会事業大学で永らくレクリエーションやグループワークを講じられた故・垣内芳子先生であった。生活を楽しく、面白く、美しくする一切の営みが取りも直さず人間をいきいきと「作り直し＝recreate」してくれるレクリエーションであるという主張である。これは多くの現場の介護関係者の支持を受けている。

2　福祉現場でのレクリエーションの構造

以上の四類型はバラバラに存在しているわけではない。それらはいずれも「レクリエーション」という名義で呼んで当然と考えられており、福祉現場の「レクリエーション」の広がり（適用範囲）を示している。換言すればこの四類型の中にレクリエーションの全体像が分有されていると見ることもできる。それではこれらを総合した福祉現場のレクリエーションを支える構造とは何であろうか。

レクリエーションはまず、日常の生活に根拠を持つものである。衣食住を土台に営まれる生命の維持活動を基盤とするが、それを少しでも快く、楽しく推進しようというところにレクリエーション概念の出発点がある。生活を楽しくデザインするという志向は、一方では衣食住の基礎生活から分離した独自の楽しみ活動（身体的なものから文化的、精神的なものを含む）へと発展していく。その結果として誕生するのがスポーツや趣味や芸能などの「種目としてのレクリエーション」（アクティビティ）である。

他方、日常の楽しみの志向は「人と人との関わり」の方向へも発展する。人間は文字通り「人と人の間」を生き、人間関係の中にやすらぎやふれあいや笑いや共同の喜びを発見するのである。共に楽しくあることが生きる喜び、さらには「生きがい」を生み出す。前者のアクティビティへの方向が「個人の内的可能性」の発現を志向するものだとすれば、後者のエンカウンター（出会い）の方向は「他者との関係可能性」の延長を志向している。そしてこの両方向が再び高次に出会う場所として行事（イベント）としてのレクリエーションを位置づけることができる。イベントは非日常の時間と空間を演出し、そこに参加するひとりひとりに対して、新たな他者との出会いと発見と共に、それぞれの個人的な能力の伸張の機会を提供するからである。

3　非レクリエーション的レクリエーションの事例

前項で得られたレクリエーション概念を手がかりに、福祉現場で行われている諸活動を点検してみると、そこには明らかに「レクリエーションの意味と価値」を共有していながら、これまでレクリエーションの範疇には入れられていない（レクリエーションとは考えられていない）活動を見いだすことができる。それらのうち、論者が見聞し、体験したいくつかのプログラムを紹介する。

ⓐスヌーズレン

「スヌーズレン」という言葉はもともとオランダ語で、「匂いを嗅ぐ」という言葉と「うとうととまどろむ」という言葉の合成語である。いい匂いを嗅ぎながらいい気持ちでうっとりする、というほどの意味になる。感覚を適度に刺激し、心の安定を目指すためのさまざまな装置がスヌーズレンの内容である。正確に定義すると、スヌーズレンとは「人間の持つすべての基本感覚を刺激し、統合させ、機能させるための環境設定法」ということになる。一九七〇年代にオランダで知的障害者の身体的・精神的ケアの一方法として開発された。障害者の心のゆとりづくりに有益であるばかりでなく、一定の療法的な価値があることが認識され、欧米各国に広がった。日本にも十年ほど前に紹介されている[2]。

スヌーズレンの装置のうち、一番わかりやすいのは「ミラーボール」であろう。球面に小さな鏡を無数に張り付けた大きなボールを作って天井からつり下げ、回転させながら光を当てると、その反射が部屋中に美しい影を投げかけ、それがリズミカルに動いていくと、一種独特の雰囲気が醸し出され、何やらうっとりした気分になる。これが要するに「スヌーズレン感覚」なのである。

ミラーボールは、飲食店やダンスホールなどでもよく見かける「感覚を刺激して気分の高揚をはかる装置」である。誰でもこうした直接的な刺激によって楽しい気分を高めることができる。人をイキイキと楽しくさせるためには五感への心地よい刺激は欠かせない。感覚器官は快と不快とを識別する装置だが、快感を十分に受け止めることができれば、楽しい気分が生まれ、レクリエーション効果が生み出される。ミラーボールでは乱舞する光がレクリエーション援助の素材になっていると言えるだろう。とくに重度の障害のために言語的なコミュニケーションや自由な身体運動が困難な人々に対しても、感覚というチャンネルを使うスヌーズレンは十分にレクリエーションの価値を提供できる。

ミラーボールはもっぱら視覚に訴えるものだが、これにやすらぎの音楽を加えたり、心地よい匂いを合わせたりすれば、さらに総合的に感覚を刺激し精神の活性化につなげることができる。スヌーズレンの装置の中には、光の美しさや音の快さを伝えるものの他、感触の面白さを味わわせてくれるものも少なくない。大きな袋にウレタンの粒を詰めて、身体を優しく支えてくれるクッションや温水を詰めたウォーターマットレスを作って、寝転がっても暖かく快適なベッドが作られている。また、握って柔らかいボールを作り、それを大きな箱にたくさん入れてボールのプールにしたものもある。ボールプールに身を沈めると、無数のボールが身体を支え、独特の感覚が味わえるし、プールの中で動き回り、遊び仲間と押し合うこともできる。日常の感覚とはひと味違った感覚的刺激が得られ、いわば一種の「非日常体験」を楽しめるという点でもスヌーズレンには大きなレクリエーション効果を認めることができよう。

ⓑ生きる喜びとしての愛と性

上述のように垣内芳子は「生活の快」をレクリエーションの原点に位置づけたが、その中には生理的、感覚的なものを含めて、当然さまざまな快楽が含まれる。そして快楽の中でも「性の快楽」は無視することのできないテーマである。性は単純に生理的な面に尽きるものではない。人間が肉体と精神の合成物である以上、肉体の性は精神の愛と結びついて、人生の重要なテーマの一つとなっている。むろん、世の中には愛なき性も、逆に性なき愛もあるだろう。しかし、多くの人々にとって性と愛は結合して人生の喜びの重要な部分を形作っている。

こんなことは今さら麗々しく書くまでもない当たり前のことだが、障害者の生活に目を転じると、当たり前が当たり前でないさまざまな事柄が存在する。性と愛はその最たるものの一つであろう。性愛におけるノーマライゼーションは、障害者問題の重要なテーマであり、またレクリエーション援助の立場からも避けて通れない問題である。

二〇〇四年に河合香織著『セックス・ボランティア』（新潮社）という本が出版されて

話題を呼んだ。障害者の性という面倒な課題を正面切って真摯に追いかけている。障害者も当然に恋をする。その結果としてこれも当然に性への欲求を抱く場合もあるわけだが、障害の故にスムースに思いを遂げることが難しい場合も少なくない。そんな彼らに介助の手をさしのべる人がいても不思議はない。施設の職員で、実にあっけらかんと介助をしている人が紹介されるが、これは読んでいて爽やかな感じさえする。

難しいのは恋愛の相手が見つからなくても性の欲求はあるということである。障害の故に一生異性に触れることもできないという彼ら・彼女らの叫びを受け止めて悩んだ末に、自らセックス・ボランティアを引き受けた女性の聞き書きが掲載されている。この場合、同情はあっても恋愛ではない。いわば性の生理的な面に特化した介助ということになる。ボランティアの女性には配偶者も子どももいる。熟慮の末の決断だとしても迷いは残る。こうした介助は道徳的でないと非難する人も嫌悪感を持つ人もいるだろう。

そこで登場するのが「プロ」のセックス提供者である。いわゆる「フーゾク」の店の中には障害者を好意的に受け入れるところもあり、障害者向けの出張サービスを展開している事業者もいるという。著者はそうした事業の経営者やプロの女性たちの話も聞き取っている。プロたちは格別の気負いもなく、むしろ淡々とそのサービスを提供しているように見える。だが、それだけでいいのかという疑問は拭えない。

思い余った著者は海外の事例を取材に出かける。オランダにはすでにセックス・ボランティア制度が機能しているという。オランダは周知のように「飾り窓の女」が合法化されている。障害者がプロを利用する場合、自治体が補助金を提供する制度さえあるというのは日本人には驚きである。ただし、オランダの場合も住民に公にしているわけではなく、障害者からの要請があれば、補助金の支出も可能ということのようだし、実際に申請する人はほとんどいないらしい。それほど定着しているわけではないのである。性という限りなく個人的な問題を公開の制度にしていくことの難しさは、どこへ行っても変わりはしない。

これまで「障害者には性欲はない」「あってはならない」と無視されてきた課題を著者が思い切って提起したことは大きな価値があると思われる。関係者の間ではとうの昔から語られていたことかもしれないが、これまでは「あからさまな話題」としては避けられていたと思われる。少なくとも「レクリエーション援助者」の中で正面から論じられることはなかった。だが「いきいきと生きることを支援する」ことがレクリエーション援助だというなら、一番大切な「愛と性」を不問にするわけには行かない(3)。

ⓒＤ－Ｄ（ダイアログ・イン・ザ・ダーク）

ダイアログ・イン・ザ・ダーク（ＤＩＤ）という名称で、一風変わった体験の場が設営され、多くの参加者を集めている。主催者の定義によると、ＤＩＤとは「日常生活のさまざまな環境を織り込んだまっ暗な空間を、聴覚や触覚など視覚以外の感覚を使って体験する、ワークショップ形式の展覧会」ということになる。論者も二〇〇五年八月に神戸で体験した。その概要は以下のようなものである。

会場は大きなホール。参加者は六、七人で一チームを作り、まずは会場の外で白杖の使い方を教わり、薄暗い入り口に案内される。そこには目の見えない案内人が待っており、このガイドに導かれてホールの中に入る。そこは完全な闇である。晴眼者は一歩も動けない。案内人の声に導かれて白杖を頼りにおそるおそる歩を進める。驚くべきことにそこには一つの世界がある。木や草があり、流れがあり、自然のたたずまいが感じられる。また、別の一角には街があり、賑やかな道路や駅や公園がある。参加者は一軒のレストランに導かれ、そこでジュースやビールを飲んだりする。何も見ることはできないが、触覚や聴覚や嗅覚が動員され、参加者は皆、確かな自然体験、街体験を得て、光の世界に帰還するのである。

このユニークなプログラムは一九八九年、ドイツのアンドレアス・ハイネッケ博士のアイディアで創出され、以後、ヨーロッパ中心にすでに二〇〇万人が体験したという。日本に初めて紹介されたのは一九九九年だが、ＤＩＤの名称が使われたのは二〇〇〇年からで、二〇〇二年にはこのプログラムを推進するＮＰＯ団体が作られ活動が続いている(4)。

レクリエーション関係者にはよく知られたプログラムに「ブラインドウォーク」がある。アイマスクをした人を見える人が導いて「障害者体験」を行わせるもので、見えないことの辛さやたいへんさを実感する体験学習としては優れたものである。しかし、ＤＩＤは「見えない辛さ」ではなく、ガイドである「見えない人」の援助を得ながら、視覚を使わない世界の面白さや豊かさを発見することに眼目がある。「視覚障害」の人々は実際、この見えない世界を日々生きている。見えなくても世界を感じ取り、自在に動いて働きもし、遊んでもいるのである。闇の中では彼らこそ主人公で、視覚に頼りすぎている晴眼者たちこそが障害者なのである。このプログラムを体験することで、視覚障害者への認識が一八〇度転換することを誰もが感じるであろう。論者もこの体験によって障害というものに対する「コペルニクス的転換」を得ることができた。まことに高次のレクリエーション性を持つプログラムである。

ⓓ賭け事

言うまでもなく、偶然の成り行きに金銭を賭ける行為（賭博）は刑法一八五条で禁止されている。とはいうものの国が認めた公営ギャンブルはこの限りでないというのだから法律もご都合主義な面があることは否定できない。この「お目こぼし」によって競馬、競輪、ボートレース、オートレース等の公営競技が実施され、巨額の収益が福祉や教育の財源となっている。公営競技は福祉団体や自治体の財政不足を補う「必要悪」という捉え方をされ、一般的に言って批判的な見方が多いと思われる。

論者は必ずしもそう言う見方に組みしない。「余暇生活」のフィールドワークという位置づけで、勤務校に近い立川競輪を学生と共に訪ねて見学し、討議したことを踏まえて言えば、賭事には悪と決めつけられない人間的な意味があると考える。それは「決断し、選択する」ことの重要性ということである。公営ギャンブルのうち、競輪はファンの高齢化が著しく、競技場を占めているのは圧倒的に高齢男性ばかりである。その人々は例外なく情報紙を片手に発走ボードを眺めて必死に考えている。レースの結果は「神のみぞ知る」であって誰も事前には分からない。あらゆる情報を総合し、結果を予測し、決断して投票するのである。そしてその結果、首尾よく大穴を当てるか、空しく投票券がただの紙切れに化してしまうか、どちらにしても決断の全責任は自ら引き受けるしかない、というのが賭事の本質である。

職業からリタイアして年金暮らしをする高齢者にとって「決断する」機会は少ない。社会的な役割や地位から離れるということはとりもなおさず決断する機会を失うことに他ならない。そして人間の働きがいや生きがい、自らへの有能感、さらに言えば人間的尊厳の根拠は「決断」という行為にこそ、もっとも顕著に現れるのである。公営ギャンブルに通って来る多くの高齢者は「決断の喜び」を求めて、なにがしかの金銭を賭けるのである。もちろんその額が日常生活を破壊するほどに大きければ不健全という批判が出てくるのは当然である。しかし、適度な額による決断遊びに止まるならば、賭事は人の主体性ややる気を維持するための格好のレクリエーションと見なすこともできるのではなかろうか。

4　レクリエーションの再定義

福祉の現場で「レクリエーションと認識されて」行われているプログラムと一般にはレクリエーションの埒外とされながら、前項で抽出したレクリエーションの要素を十分に含むと思われるプログラムとを総合して、改めてレクリエーション概念の再定義を試みたい。

「人はすべてレジャーとレクリエーションに対する権利を有する」というのは「レジャー憲章」（一九七〇年、国際レクリエーション協会）の宣言である。レクリエーションは人間が人間らしく生きるために欠くことのできない「生きる喜び」を根拠としている。しかし、福祉の現場で見いだされる問題は、レクリエーションの不可能性とも言うべき難問である。重度の障害者の場合、どうやって、どのようなレクリエーションを保障すればいいのか、とまどう現場の支援者が少なくない。この問題が出てくる理由の一つに、レクリエーションの捉え方の問題がある。わが国でレクリエーションというと、あまりにも「活動的」に偏って理解されている傾向がある。何か特別の活動をすることがレクリエーションだという認識である。さらには、レクリエーションというのは個人的な楽しみよりも「みんなで楽しく」集団的に遊ぶことだというイメージも広く行き渡っている。そのように捉えてしまうと重度障害者に何ができるか、という疑問に行き当たることになる。

ここでは日本的に矮小化されたレクリエーションを離れて、原点に帰って考える必要がある。re-create（つくり直し）を原義とするレクリエーションは、人が本来のあり方に戻ることを意味している。イキイキと元気に甦《よみがえ》ることこそレクリエーションなのである。これを原点として先に見た各種のプログラムを見直すと、福祉現場のレクリエーションには次の三つの観点が基本的に重要である。

第一は「快楽原則の承認」ということである。人間の行為を、生きるために苦痛を忍んでも外界に働きかけて生産しなければならない「現実原則」と、生命力のほとばしりである遊びの楽しさを追求する「快楽原則」との相克に見たのはH・マルクーゼであるが[5]、レクリエーションの立場は、快楽原則を現実原則に従属させるのではなく（よりよく働くための元気回復という見方がこれに当たる）、その自立性の承認にあると言える。働くことがない（できない）福祉サービスの利用者に、生きることの快楽を無条件に保障することこそレクリエーションの存在理由（レゾン・デートル）でなければならない。性生活の支援はその端的な試みであるし、スヌーズレンは感覚の快を文化的な視点で追求したものと見られる。

第二は「生活の変化と拡張」をレクリエーションの動因と考えることである。人間が他の動物と違うところは、遺伝的に決められたとおりの生活を繰り返すのではなく、自らの願いや夢に従ってそれを変化させ、生活の質と量を高め広げようとすることにある。人間生活が日常的なもの（ケの世界）だけで完結せず、常に非日常的なもの（ハレの世界）を志向するのも、生活を変化させ、新たな発見を求めるからに他ならない。観光旅行が誰もが愛するレクリエーションになっているのも同じ理由である。

第三は「人間的コミュニケーションの拡大」をレクリエーションの目標に据えることである。レクリエーションはひとりひとりの個性や願望に添って提供されるべきものであるが（そうでないと「押しつけレクリエーション」批判を招くことになる）、それは他者と断絶した個別性を求めるのではなく、個の発見によって他者との真のコミュニケーションを目指すためである。コミュニケーションとは異なる主体間を同質化するところに目的があるのではなく、異質な主体の間に生きた交流を促進するものであるはずである。さまざまなアクティビティやイベントは「楽しい交流」によって互いに異なる多種多様な人間の協調の広場を創り出す。ＤＩＤのような、見えない人と見える人の関係を反転させつつ、深い人間的連帯を感じさせるプログラムが求められるのである。

この三つの視点を総括してレクリエーションを再定義すれば、「レクリエーションとは生きる喜びとしての快体験を土台に生活を変化・拡張させ、人間的なコミュニケーションを広げる多様な活動の総体である」ということになろう。

おわりに

介護福祉士カリキュラムの再編成によって「レクリエーション活動援助法」は姿を消

した。科目の再編成はやむを得なかったとしても、援助の具体的な内容の中でレクリエーションの存在感が後退するとしたら、福祉文化的に言えば大きな問題といわざるを得ない。ただし、それはこれまで現場で行われてきた矮小化されたレクリエーションではなく、今ここで再定義した新たなレクリエーションの話である。後者のようなプログラムは介護の現場でも地域福祉の領域でも、ますます重要な位置を占めるであろう。福祉文化研究の課題である「福祉の文化化と文化の福祉化」は、人間の文化を根底で支える遊びやレクリエーションの世界において、もっとも鮮明に発現するということができよう。

【註】

(1) 現場のレクリエーションの具体的な内容については、まず、「レクリエーション活動援助法」の各種の教科書を参照し、そこで上げられている「レクリエーションの種類」を点検してみた。また、(財)日本レクリエーション協会の発行する『レクリエーション』誌に毎号紹介されている福祉レクリエーションの実践記やプログラム解説を参照した。

(2) スヌーズレンが日本に紹介されて10年ほどになり、障害者施設、療育センター、養護学校などでスヌーズレンを導入したところは、比較的簡便な道具まで入れると少なく見ても５００カ所ぐらいにはなるという。導入にはかなりの経費がかかるのがスヌーズレンの難点だが、施設づくりに当初から積極的にスヌーズレンを導入したところもある。例えば和歌山市立子ども支援センターでは、各種のスヌーズレン用具を装備して、学習障害児の「感覚統合」に役立てようとしており、その活動内容はNHKテレビでも紹介された。

（3）〈参考文献〉河本佳子『スウェーデンのスヌーズレン』新評論、2003年

2004年8月には、障害者の性の悩みの解決を支援するNPOが発足している。NOIR（ノアール＝フランス語で「黒」の意）と名付けられたこの組織は、障害者や介護者の性に関する相談や教育を支援しようとしている。性の悩みや体験を自由に書き込めるホームページ（http://www.geocities.jp/npo_noir）を作り、身体障害者の性（＝セクシャリティ）に関するセミナー・イベントの開催や身体障害者への性的サポート（会員のみ）、アダルトグッズの改造、改良、販売等（会員のみ）も行っている（朝日新聞、2004年9月14日付に紹介された）。

（4）日本においてDIDを推進しているのは、「特定非営利活動法人ダイアログ・イン・ザ・ダークジャパン」である。http://www.dialoginthedark.com/

（5）ヘルベルト・マルクーゼ、南博訳『エロス的文明』紀伊国屋書店、1958年

自立生活支援と余暇の活用

余暇と言えば余ったヒマ、時間が余れば「余暇する」ことはあっても、仕事が忙しくて時間が余らなければそれまで、余暇などなければないで何とでもなる、と言うあたりが勤労大国日本の常識だろう。だが、ちょっと考えてみれば分かるとおり、人間が働きづめで済むはずがない。働けば休養という形の余暇が欠かせないし、個人の自由な楽しみも家庭生活も余暇がなければ進めようがない。仕事は生産と結びついて社会を維持するが、余暇は文化と結合して同じく人間と社会を支えている。

余暇は人間の幸福の基盤となるという点で、最も重要な福祉資源である。働く人々の福祉増進のためには労働時間を制限して余暇を創出することが欠かせない。障害者の場合は、働くことから遠ざけられがちになり、否応なく余暇が増大する。余暇を無意味な時間にすれば生きることそのものが意味のないことになりかねない。余暇を福祉資源と捉え直して、その可能性を追求することが福祉サービスの重要な課題となる。

1　精神医療とレクリエーション療法

余暇とその活用であるレクリエーションの治療的な意味を最初に確立したのは精神医療の領域である。精神障害を持つ人たちの多くは、仕事を継続することが難しく、勢い、生活全般が余暇に傾く。この時間が病院という隔離された場所で、自室に引きこもって過ごすことになるのは好ましくない。余暇を無駄な時間として見過ごすのではなく、余暇において何かできることはないかという模索が行われたのは当然であろう。精神病院ではすでに古くから余暇活動を活用した「レクリエーション療法」が開発され、展開されてきた。今ではレクリエーション療法は薬物療法、精神療法、集団療法、作業療法等と並ぶ、重要な治療プログラムである。例えば、北海道大学医学部付属病院精神科神経科では、レクリエーション療法について次のように解説されている。

〈レクリエーション療法〉

私たちの治療法の中で、これは最も特筆すべき治療法でありましょう。退屈な病棟生活の彩りとして、また、自信を失って自分の殻に閉じこもってしまったかもしれない患者さんが自らを開放するチャンスとして、私たちの治療の中でも大きな位置を占めています。

毎週行われる、院内のレクリエーション療法のほか、七夕、盆踊り、クリスマス、雛祭りなどの年中行事をあしらった、レクリエーションも行われます。

また、レクリエーションの企画、実行は私たち医師、看護婦、臨床心理士などスタッフのチームと、患者さんたちが協力、共同して作り上げて行くところもまた極めて特徴的といえましょう。

（北海道大学医学部付属病院精神科神経科ホームページから）

2　精神障害者のための余暇の使い方モジュール

近年、注目すべきは、余暇活動が社会生活につながる自立支援のプログラムとして認知されてきたということであろう。アメリカの精神科関係者によって開発された「余暇の過ごし方」についての総合的な支援方法が導入（翻訳）され、わが国でも試行が始まっている。これはＵＣＬＡ医学部精神科教授のロバート・Ｐ・リバーマンが開発したＳＩＬＳ（自立生活技能群 Social and Independent Living Skills の略）の一環として位置づけられた余暇支援法である。ＳＩＬＳ自体は、症状自己管理モジュール・服薬自己管理モジュール・余暇の過ごし方モジュール・基本会話モジュール・地域生活への再参加プログラムの五つのモジュールからできている。モジュールとはもともと測定の標準、基準寸法、交換可能な構成部分という意味で、ここではいわばそれぞれが一つの学習パッケージをなして、その全体が自立支援につながっていくという仕組みである。

実際のすすめ方は、六〜八人程度のグループを作り、問題状況を設定してロールプレイを行い、その発言や行動を参加者と共に修正しながら適切な行動を探り当てて行こうというものである。翻訳された分厚いマニュアルには、すすめ方や用いられるワークシートが紹介されている。また、実際の進行を撮影したビデオテープもあって、それを参考にしながらすすめることができる。

3　レクリエーションの目標

余暇の過ごし方を追求するということは、各人が自分にふさわしいレクリエーションを見つけだしていくということに他ならない。ＳＩＬＳでは、それを自分の生活の中に根付かせるために、具体的にどんなすすめ方をすればいいのかを体験学習するのである。

「余暇の過ごし方モジュール」でレクリエーションの効果として指摘されているのは次の七点である。

①娯楽：楽しく過ごして退屈から解放され、新しいことやものに積極的になる。
②社会生活への適応：他の人々と交流して考えや感情を交換し、社会的な場面に積極的に参加して、バランスの取れた人間になる。
③運動：動くことによって緊張から解放され、体の機能や体調がよくなり、エネルギーを得て、機敏さも増す。
④リラックス：緊張や不安から解放され、よく眠れるようになり、集中力も増す。
⑤健康感：気分が良くなり、気力が増し、自分自身をよく思うことができるようになる。
⑥創造的表現：手を使って活動することで喜びを感じ、新しい技能を獲得して達成感を得られる。
⑦目的意識：生活に目標や意味を与え、グループ意識が育ち、地域社会との結びつきも強くなる。

これらの成果を目指して、レクリエーションをひとりひとりの性格・志向・生活状況に適合させながら（これをアセスメントと呼ぶ）計画的に提供すれば、上に述べたような総合的な効果を導き出すことができる。レクリエーションは何よりも「楽しみ」という生のエネルギーを土台に、心身を解放する営みだからである。それは埋もれていた気力を引き出し、「自己有用感」を高め、生活に張り（生きがい）をもたらす。それによって他者との結合や地域への参画意識が育っていくのである。

4　わが国のレジャー・カウンセリング

わが国にも独自の余暇支援プログラムが開発されていることを強調しておく必要がある。それは（財）日本レクリエーション協会が一九九四年に「余暇生活相談員・開発士」の養成を始めた時にまとめられた「レジャー・カウンセリング」の手法である。インテイク（受付面接）―余暇生活設計―余暇情報サービスと三段構えになった支援プログラムは、さまざまなワークシートを利用して個人的にも集団でも進めることができる。しかし、これは基本的には一般市民（とくに退職を間近に控えた中高年）をターゲットとしていた。これを応用して障害者の自立生活を念頭に置いた日本版・福祉型レジャー・カウンセリングを発展させる必要があろう。

日本障害者福祉センターが二〇〇七年に編集した「障害者レクリエーション活動ハンドブック」にはＳＩＬＳの発想と軌を一にするものがある。これを生かして障害者の自立を念頭に置いてその余暇生活を活性化する支援方法をさらに精緻なものにしていくことが福祉レクリエーション支援者の今日的課題である。

【参考文献】

（1）R・P・リバーマン著、中村克彦監訳『自立生活技能プログラム　余暇の過ごし方モジュール』丸善、1994年
（2）（財）日本レクリエーション協会編『レジャー・カウンセリング』大修館書店、1994年
（3）戸山サンライズ編『障害者のレクリエーション活動ハンドブック』2007年

第四章

余暇と遊びの教育

教育資源としての余暇

1　余暇はどのような意味を持っているか

働き者で知られた日本人（働きすぎて過労死する人さえ後を絶たない）にも、近年はようやく余暇が増えてきた。週休二日制は大企業のみならず中小企業にも普及してきたし、長らく懸案だった学校週五日制も完全実施されるに至った。長引く不況下で失業率が増大し、労働時間を制限して仕事を分けあい、雇用を増やすワークシェアリングの施策も導入されようとしている。これは必然的に余暇の拡大をもたらすことになる。それよりも何よりも寿命が延びて高齢社会が到来し、誰もが人生の後半期に仕事からリタイアして長大な余暇に直面せざるを得ないという事実が余暇の存在感をいやが上にも高めているのである。

だが日本人の余暇観は、余暇の拡大という事実に追いついていない。かつての勤労至上時代には、二宮金次郎に代表される勤倹力行こそが日常の道徳であり、余暇は正面切って追求すべき課題ではなかった。「小人閑居して不善をなす」という古句があるように、凡人に余計な暇を与えると善くないことに走るので、なるべく暇を与えないようにするのが得策、というのが為政者の余暇観であった。暇はないに越したことはなく、暇があったらそれを善導して悪に走るのを防止しなくてはならないとされたのである。現在でも余暇をどこか後ろめたいものと感じ、本来与えられている有給休暇さえ満足に取ろうとしない日本の勤労者は、いまだに余暇＝不善のイメージに呪縛されているように思われる。

だが、余暇を悪の温床のように捉えるのは、きわめて階級的な発想である。というのは昔から余暇を敵視する支配者の側には豊かな余暇があったからである。支配階級は労働階級の勤労の上に立って生活しているのであり、彼らは労働を免除されて自由な時間をふんだんに持ち、それによって政治を執り行い、また芸術や学問など文化の創造に専念することができた。支配階級が余暇階級（レジャークラス）と呼ばれた所以である。余暇はそれ自体として悪であるのではなくて、十分な教養と文化的トレーニングを受ければ、人間に固有の文化を生み出す貴重な時間となるのである。ただ、無教養な民衆に過分の余暇を与えると、彼らはその用い方を誤って社会に害毒を流すと懸念されたのであった。

近代化によって民主社会が実現された今日、こうした階級的余暇観は根底から否定されたはずである。自由と平等という理念は余暇にも当然適用される。誰もが勤労の成果である自由な時間を獲得し、自分らしい自分を追求する時間としてそれを自在に活用できるのである。労働が社会の存続のために義務を果たす時間だとすれば、余暇は個人がそれぞれの自己実現を達成する時間として尊重されなくてはならない。欧米ではこうして近代化と歩調を合わせて余暇に高い位置づけを与えるようになり、労働時間の制限＝余暇の拡大に努めるようになった。余暇研究者として知られるフランスの社会学者デュマズディエは余暇の機能を三段階に分け、第一に「休息」、第二に「気晴らし」、そして第三に「自己開発」をあげる。そして社会の発展と共に余暇の機能が高度化してきたと説く。労働中心の時代には労働力を再生産するための休息でしかなかった余暇は、次第に拡大して生活の楽しみを広げる多様な気晴らしを生みだし、さらに自分の可能性を追求する自己開発の時間として重要性を持つようになったというのである。

欧米の人々は毎日の労働時間を制限し、週末を完全に休日とし（ドイツやフランスでは、すでに週労働時間は四十時間を切り、金曜日が半ドン化しつつある）、一カ月にも及ぶ長期休暇（バカンス）を確立してきた。その背景には先にあげたように失業率増大を押さえるワークシェアリングの追求があったが、しかしそれ以上に「自分の時間」への強い希求があったことは否定できない。休息と気晴らしを土台に発展した余暇は、スポーツや生涯学習、芸術の創造、さらにはボランティア活動による社会貢献など多様な形態を花開かせている。余暇が拡大すればするほど、人間の生活が真の意味で豊かになるというのが、先進国の常識となった余暇観なのである。

2　余暇と青少年…余暇の過ごし方の問題

青少年にとって余暇はどんな意味を持っているだろうか。余暇は人生の重要なテーマであることは確かだが、余暇を充実させるためには、一定の教養や文化的修練、換言すれば成熟が必要である。そこで大人に向かって成長途上にある未熟な青少年は、「閑居して不善」をなさぬように、しっかり余暇善導しなくてはならない、と多くの教育者は考えてきたと言えよう。実際、古典的な教育は厳しい修練を価値とし、余暇は怠惰につながるものとして極力排除しようとしてきた。隙間のない日課を立て、勉学と鍛錬を旨として、規律ある生活をさせるのが理想の教育と考えられた。ヨーロッパでも中世の修道院の厳しい修行がモデルになった寄宿制の学寮がエリート教育の殿堂となったし、日本でも江戸期の藩校における武士の教育や明治以降のエリート教育では同様の発想があったと思われる。

だが、こうした余暇否定の鍛錬主義教育とは違う考え方も早くから芽生えていたことに注目したい。近代を準備した思想家であるルソーは、彼独自の青少年教育論である「エミール」の中で、子どもたちの内なる自然に焦点を当てた自由な教育を主張している。子ども自身の伸びる力に信頼し、大人が望ましいと思う型に子どもを無理矢理はめ込むような強制的な教育ではなく、子どもの中にある自然が自ずと発展して自己形成がなされるように子どもを見守る「消極教育」こそが必要だというのである。

後にフレーベルは、一見無駄のように見える子どもの遊びに、人間としての至高の状態があると考えて、子どもたちがのびのびと遊びを追求することのできる「子どもの楽園」としての幼児園（キンダーガルテン）を創設した。フレーベルの幼児園は、遊び（この論考でいえば余暇）を抑圧するどころか、遊び＝余暇の中にこそ、子どもをよりよく成長させる原型とエネルギーがあるとして、自由な遊びの開花を積極的に追求しようとした（現在の幼稚園はフレーベルの理想とは全く逆の方向に向いているのも少なくないが）。「遊びの中にこそ教育がある」とした彼の思想は、十九世紀末にアメリカで興った子どもの遊び場づくり運動に大きな影響を与えている。

こうした自由主義的な教育は、旧来の厳格主義・鍛錬主義を批判しながら、現代の教育の中に次第に根を下ろして行った。現在の学校の中には、小中学校から大学まで、学校本来の授業を囲んでさまざまな余暇と遊びが配置されている。授業と授業の間の遊び時間に始まり、放課後のクラブ活動、遠足や運動会や文化祭などの行事、野外レクリエーションや修学旅行など、多様なバリエーションを見せる「余暇」的プログラムに満ちている。これらは「余暇善導」的な発想もあるが（例えば中学生のクラブ活動の重視は、無用な余暇を持たせないための配慮と考えている教師が多い）、むしろ遊びや余暇の自由な追求の中で、子どもの心身の成長に資するさまざまな「善きもの」が獲得できるという信念が土台になっている場合が多いだろう。余暇は取り締まるべきものではなくて、できるだけ自由に、豊かに発展させるべきものだという考え方である。

だが、勤労者の余暇が十分に確立していない日本の風土の中では、青少年の余暇も必ずしも十分に発展してきたとはいいがたいものがある。加えて昨今の青少年犯罪の増加と深刻化が増す状況の下で、遊びや余暇への風あたりが強くなってきた。戦後、高度成長期までの青少年非行が根本的には貧しさを背景にしていたのとは対照的に、現在の非行は万引きにしても恐喝にしても、モノや金が欠乏しているから盗んだり奪ったりするのではなく、単なる鬱憤晴らしや友だちに誘われてする「遊び型非行」が圧倒的である。生活のゆとりこそが非行の温床とも言える事態の中で、青少年の余暇を監視し、これ以上の余暇を与えないように指導すべしという意見が生まれるのは無理からぬことかも知れない。

しかし、真の問題は余暇を持つことにあるのではなくて、余暇の過ごし方がわからない、ということにある。自由な時間を使って他者を発見し、コミュニケーションを取り結び、自らを成長させるようなモデルと機会が提示されていないことこそが問題である。青少年の余暇の課題はいかにして彼らに自己開発への方向を見出させるかというところにある。

3　余暇への支援活動をどう進めるか

学校週五日制が定着する中で、地域社会の役割が改めて問われている。子どもたちが学校にいる時間が減って地域と家庭にいる時間が増える。そのほとんどは自由な余暇としての時間である。これまでしつけも人間教育も学校へ「お任せ」で済ませてきた地域と家庭は、帰ってきた子どもたちを前に大きなとまどいを見せているのが現実である。家に置いておくとロクなことをしないというので学習塾に通わせ、スポーツクラブに入会させて一安心というのが多くの親たちの姿である。だが、それで子どもたちの余暇は豊かな時間に変わってくれるだろうか。

こうした他人任せの余暇善導では、余暇の持つ豊かな実りを手にすることはできない。重要なことは家庭と家庭をつなぐ地域社会に、親たちと子どもたち、一般の市民たちが関わりあう「余暇の場」を育てることではないか。家庭教育の必要性が叫ばれているが、現在の親と子だけの核家族は、子どもを社会化させる教育力を持っていない。かつての家庭が人間を育てることができたのは三世代に及ぶ大家族で、親子、兄弟、祖父母や嫁や居候まで含めた複雑な人間の関わりが人間教育の場となったからである。父親の権威というのも大集団ならばこそ生み出されたので、二人や三人の小集団では権威もあったものではない。その上、現在の父親は多忙をきわめて留守がちというのでは、ほとんどの家庭が実質的には母子家庭と言ってよい（その母親さえも、仕事やパートで家にいない）。その上、隣近所の付き合いも希薄で、たがいに関わりあうことを避けて孤立しがちである。かくて成立する密室の中で、過度に濃密になった母子関係を土台にする教育が健康的な青少年を育てられるのか、大きな疑問とせざるを得ない。

この難問を突破するためにこそ、余暇が存在するのだと筆者は考える。余暇は自己開発と自由な教育の基本的な資源なのである。余暇をただの余った暇と捉える発想から抜け出して、人生の余韻と余情を感じ合う余裕の時と捉え直すところから全てが始まる。

まず何よりも余暇の量的拡大が求められる。勤労者の労働時間を制限して家庭と地域にいられる時間を増やさなくてはならない。不況下の今日こそ、余暇拡大の好機である。仕事にしがみついて労働時間を減らさなければ、それは誰かの雇用を奪うことになり、社会全体としては大きなマイナスとなるのである。

余暇を得て地域に戻った父親は（母親も）その余暇を何に使うだろうか。気晴らしを求めてパチンコ屋に走り、一攫千金を求めて公営ギャンブルにうつつを抜かす人もあろう。だが、パチンコやギャンブルは余暇が乏しいときに求められる気晴らしであって、余暇が拡大していけば、毎日パチンコというわけには行かなくなる。地域のスポーツや文化活動や社会活動が芽生えてくる。現に、リタイアして新「余暇階級」となった元気な高齢者たちは、いま、健康づくりや生涯学習やボランティアに余念がない。残念ながらまだ、彼らと青少年との間に深い関わりが生まれていない憾みはあるが。

成人たちの余暇を量的に拡大し、それによって余暇の質的な向上を引き出し、その余暇の中に青少年を引き込んでいくというのが筆者の戦略である。「青少年の余暇」だけに問題を限ってこれを善導しようとしても、青少年はついてこないだろう。余暇の本質は自由であり、いかに善いものであっても押しつけられたり強制されたのでは、価値を失ってしまうからである。彼らは彼らの自由な時間を求めている。彼らの自由を尊重しながら、それが社会的にも好ましいものであるようにするためには、大人たちもまた自由に善きものを作りだして、青少年に提示して見せるしかあるまい。

具体的に考えられるのは地域の余暇を土台にしたクラブである。それもスポーツや文化活動に限定されるクラブではなくて、スポーツもあり文化もあり社交もボランティアもあるような総合的な地域クラブである。こうした場での世代を越えた楽しい関わり合いの中で生まれる意図的でない人間教育こそが青少年を自立的に育てる唯一の方法だと思う。

【参考文献】

（1）羽根木プレーパークの会編『冒険あそび場がやってきた』晶文社、１９８７年
（2）小林章夫ほか『クラブとサロン』ＮＴＴ出版、１９９１年
（3）佐藤一子編『ＮＰＯと参画型社会の学び―21世紀の社会教育』エイデル研究所、２００１年

幼少年期の遊びと自然体験

子どもたちの自然体験が一時代前に比べて減少していることは、各種の調査に現れているし、実感としても明白であろう。筆者自身のことを考えてみても横浜の下町育ちとは言え、一九五〇年代には身近に自然が豊かに存在した。商店街の後ろの丘には松林が広がっていて、その藪の中に秘密の基地を作ったり、戦争ごっこに興じたりした。自転車で少し走れば田んぼと小川と雑木林の続く田園風景で、一年を通じて虫を追い、魚を捕り、木の実を拾って遊ぶことができた。そのあたりは今や新横浜駅周辺の市街地になって、かつての面影は消え失せてしまったが、四季折々の自然と関わって過ごした子ども時代の記憶は鮮明である。

自然体験の減少が子どもの心身の成長やその後の生活観にどのような影響を与えるのか、このことを実証的に追求するのは必ずしも簡単ではない。しかし、昨今の子どもたちに顕著に見られる身体能力の低下や心の荒れのような現象が、自然体験の後退と深く関連しているであろうことは、十分に予測される。また、そうした仮説のもとに自然体験の価値を立証した研究も現れている。筆者もまた幼少期の自然体験に大きな意味を見いだす一人として、「自然を友とする幼児教育」の実践活動に関わってきた。その体験を通してこのテーマの重要性について問題提起を試みたい。

1　さんさん幼児園の活動

町田市の北郊、小野路町は多摩丘陵の台地とそれを雨水が浸食した谷間《やと》とからなる。台地にはクヌギやコナラを主体とする豊かな雑木林が広がり、ヤトにはかつては段々になった小さな水田が連なっていた（現在はほとんどが放棄されて藪になってしまった）。さんさん幼児園はそんな自然を舞台に三十年にわたって独自の幼児教育を追求してきた。

「さんさん教育」の基本方針の一つが「自然は友達」ということである。園のパンフレットにはこう記されている。「小野路の里は東京とは思えないほど豊かな自然に恵まれています。この森と林が私たちの『園庭』です。春の野草、夏の昆虫、秋の木の実、冬の氷…それらをすてきな友達にして、さんさんっ子は思う存分、小野路の山を駆け回って育ちます。」

さんさん幼児園は認可された幼稚園ではなく（園庭の面積が基準に達しない、しかし、周囲の自然地はかけがえのない園庭なのだが、残念ながら園の所有地ではな

さんさん"園庭"案内図
野球場
池
一本杉公園
(集合・解散場所)
桜並木
造成地
原っぱ
さんさんバス
子どもたちが
描いたらくがき
つきのバス
浅間神社
くろやま
深い木立がある
谷間、大きなガケ
があってガケすべりは
サイコー！
さんさん幼児園
カァー
浅間下
さんさん農園
ネムの里
すばらしいヤト
(谷)の風景が
広がってい
ます。
山の散歩道
荻生田牧場
小野路
布田道
「みどりのゆび」の
雑木林
城山
昔お城があったところ
ガケすべりー！
鎌倉街道の宿場でした
小島資料館
(古文書や刀剣
があります)
小町井戸
(その昔、小野小町が
お化粧をしたとか)
万松寺
禅宗のお寺です
ガソリン
スタンド
小野神社
秋祭りには
芝居がかかります

(イラスト／長谷川京平)

い)、いわばフリースクールの幼稚園版である。しかし、一風変わった幼児教育の場として、多摩ニュータウンでは支持する父母も少なくなく、発足以来三十年間で七〇〇余名の卒園児を世に送った。正確にフォローしたことはないが、卒園児たちは学業成績が抜群であるかは保証の限りではないが、運動能力は抜きんでている。四季を通じて毎日のように野山を駆け回り、さまざまな自然遊びに打ち込み、五歳児の遠足は往復十二キロを歩き通すのだから、当然と言えば当然であろう。それよりも重要だと思われるのは、ひとりひとりが自分を見つける、自分らしくなるということである。園児みんながある水準に達するというような、工場の規格品ではなく、それぞれの園児がその子らしくなる、他の誰でもないその子としての個性と自律性を発揮するということはまちがいなく保証できる。それこそが自然との深い関わりがもたらす教育的成果であると考えている。

2　自然体験と「からだを使いこなす」こと

幼児期の自然体験、とくに自然の中での遊びに含まれる重要な要素は「身体を使いこなす」ということである。人間の赤ん坊はまことに無力な状態で生まれてきて、成長とともに身体の使い方を学習していく。一歳には一歳の、三歳なら三歳の使い方があり、それは一歩一歩広がり深まっていく。身体の各部分を十全に機能させ、その間の協調動作を一つ一つ確実に身につけていかなければ、自らの身体を使いこなせない、奇妙な大人になってしまう。実際、現在の子どもの中には、転んだときに手が反射的に前に出て顔面が地面に激突するのを防ぐというような、基本的な反射ができない子がいるという報告もある。

さんさん幼児園の活動を代表する遊びの一つに「里山の崖のぼり」がある。赤土が剥き出しの高さ十㍍ほどの崖に取りついて登っていく遊びである。手前は緩やかな斜面だが登るにつれて急になり、水も沁みだして滑る。草も生えていないつるつるの急斜面を何とか踏ん張って上り詰めるには手足の動きが見事に協働しなくては難しい。木に登ったり、横

里山の一角にある急な崖を子どもたちはロープを伝ってよじのぼる

に置いた竹を渡ったり、木に吊したターザンロープで大きく揺れたりするのも、身体を使いこなす格好のトレーニングである。

現在の子どもたちは、小学生の、それも低学年から「少年スポーツ」のクラブに入る。野球やサッカーのクラブで本格的な練習をするが、これは身体の全面的な発達という見地からして必ずしも望ましいことではない。特定のスポーツ競技の身体の使い方には、野球にしてもサッカーにしても偏りがあり、決まった筋肉しか使わない傾向がある。幼少期にはスポーツ種目に特化される前の原体験としての遊びが重要である。遊びの中には多種多様な動きが含まれていて、それがだんだん純化され、整理・統合されてスポーツになっていく。現在の子どもたちは早くスポーツに入りすぎなのである。スポーツ以前に、走ったり・跳んだり・登ったり・くぐったり・転がったり・落ちたり、いろいろな身体のこなし方を体験すべきであり、それは自然との遊び中にこそ豊かにあるのである。

子どもたちの自然遊びは、中国古来の陰陽五行説の概念を借りれば「火、水、木、土」の遊びである。宇宙の万物は「木火土金水」の五つからできているというのが五行説だが、その中でも子ども時代は「金」をのぞく四行が重要である。これらは子どもたちが宇宙とふれあうための原体験なのである。

まず初めは水遊びである。ごく幼い赤ん坊のうちから、風呂の水を撥ね散らかして子どもたちは大喜びだ。この水と土が交わればどろんこ遊びとなる。幼児たちは土と水があれば日がな一日遊んでいる。手で泥をこね回しさまざまな形を作っていく。その表情は大地に生きるものの喜びにあふれている。土と水こそは自然の原形質であり、やがて土から芽生えるものに関心を持ち、草花を愛で、自然を尊ぶ心が育まれて行く。

続いて登場するのが「木登り」に象徴される冒険遊びである。高い木に取り付いたら、木の形に合わせて手足を上手に連動させないと木には登れない。高く上れば眺めはよくなるが怖さも増す。それに耐えて大きな木と親しみ、木と友だちになる。木は春には花を、夏には木陰を、秋には木の実を恵んでもてなしてくれる。木の実を探し、木に登って取ってきたり、棒で身を打ち落としたりするのも重要なカリキュラムである。

火を扱うことも重要な体験である。何しろ人間の文明は火をコントロールすることから始まったのだ。秋の終わりに落ち葉を集めて火をつける。パチパチと爆《は》ぜる炎、手をかざせば暖かい、子どもたちは火の回りに集まって歓声を上げる。火をいじってみたいのだが、まかり間違えば火傷をしかねない。巧みに火をつけ、上手に燃やすには修練がいる。そこには大切な生きる技術が含まれている。

残念ながら今の子どもたちは、土と水はともかく、木と火から遠ざけられている。公園の木には登ってはいけないことになっているし、手頃な雑木林は周辺にない。火に至っては「生火」に出会う機会は滅多にない。大学生になっても手際よく焚き火を起こすどころか、マッチさえまともに擦れない若者が大半なのである。それで真っ当な人間になれるのかと大きな危惧を抱かざるを得ない。

3　自然体験と心の発達

自然との距離を縮める

「自然」と言うときに、われわれ大人は、一つのイデオロギーを持っている。「自然は美しいものである」という観念である。「大自然」という言葉を聞けば、ＮＨＫテレビの自然番組が思い出され、雄大で神秘的な美に満たされた自然のイメージから離れられなくなる。しかし、こうした感じ方は実は自然の実相から距離を置いた感傷的な自然観である。それは、人間にとって都合のいい、やさしく美しい自然だけを見ようとする人間の独善に過ぎない。実のところ自然は美しいどころか大体において汚い。泥んこも糞もふんだんにある。人間に優しいどころか、雨が降り雪が降り嵐も吹き荒れ、酷暑から極寒まで人間を痛めつける厳しい自然が常態である。大人の自然は自然の汚さや厳しさを捨象した絵空事の自然に堕している場合が多い。

結局、大人たちは自然を外にあるものとして対象化して捉えているのである。国立公園の第一級の自然を見れば最大級の賞賛を惜しまず、その保全を説く人々も、都市周辺の里山にはそれほどの評価は与えない。確かに自然は人間界の外にあり、鑑賞や評価の対象であり、場合によれば破壊や改造の目標にもされてしまう。しかし、大人たちは忘れている。われわれ人間自体がまた一つの自然であることを。われわれも一個の生き物であることに違いなく、大気を呼吸し、水を飲んでは流し出し、食べて排泄し、身体の中では血液が循環し、細胞は日々変化を遂げている。われわれの身体には別種の生き物である細菌や寄生虫やバクテリアが取りついている。その中には大腸菌のように居なくては困る協力者もあるし、厄介者であるはずの寄生虫

広々とした野原で子どもたちは存分に遊ぶ

さえもそれなりの存在価値があるようだ（最近の過剰なアレルギー反応は寄生虫を駆除しすぎたせいではないかという意見もある）。われわれの身体はすでに自然に組み込まれている。人間もまた自然の一部であり、自然の大きな動きの中で否応なく動かされ、生き、そして死んでいく。そのことを忘れて自然を支配していると思うのは人間の思い上がりでしかない。

子どもたちは自然を対象化しない。自然はそのまま子どもたちの中に入って行くし、子どもたちの方からも誰に言われなくとも自然に溶け込むことができる。彼らは自然とひと続きなのだ。自然のエネルギーを受け止め、それを糧にして自らの成長を実現していく。自然との交感や交流があってこそ、身体も心も豊かに育っていくのである。自然を遮断した人工的な環境の中では、内なる自然は成長の方向を見失い、サイボーグ（機械人間）のようなグロテスクな人間が育ってしまうだろう。

さんさん幼児園の子どもたちはまことに「しぜんに」自然の中に飛び込んでいく。そしてそれぞれの子どもたちに即した仕方で自然と楽しくつき合う術《すべ》を身につけていく。雑木林や野原での多様な遊び、草花や昆虫や小動物（カエル、ヘビ、タヌキ、モグラなど）とのつき合い、崖登りやターザンロープのような冒険遊びに至るまで、この幼児園の子どもたちの自然遊びは多彩かつダイナミックである。そこに働いている原理は、外にある四季折々の自然と子どもたちの身体の中にある自然とが共鳴・共振しあうことである。

子どもたちにも、もちろん「美しい」ものへの感受性がある。春の山道にタンポポが絨毯を敷き詰めたように咲いていれば「ワー、キレイだ」と歓声が上がる。同時に彼らはタンポポの茂みに殺到して花を摘み花束を作る。大人のように美しい物を距離を置いて鑑賞するのではなく、美もまた好奇心の対象であり、美しいものと格闘してそれをわが物にする。美しいものだけではない自然の不思議さやおもしろさに貪欲に掴みかかる。自然のまっただ中に入り込んで自然との距離感を縮めていくことが幼少期の自然体験のポイントであると思われる。

さんさん幼児園の子どもたちの好きな秋の遊びに「落ち葉のプール」がある。地面に大きな穴を掘って、その穴を雑木林から集めた

落ち葉のプールは冬の遊び場

落ち葉で一杯にする。そこへジャンプして飛び込む。深い落ち葉は子どもたちを受け止めて、あたかもプールのように落ち葉の海を泳ぎ回ることができる。最後は子どもたちは全身を落ち葉の中に沈めてじっとしている。これが楽しいのは、あたかも自分が大地の一部になったような感じがするからなのだろう。われわれの中にある自然と外側の自然とを交流させ交歓させるということが落葉に埋もれるという行為によって実現されるのである。

ケンカと残酷体験

子どもの心を養う上で、さらに重要な意味は自然の中での「ケンカ」と「残酷体験」の中にあると筆者は考える。子どもの成長にとって欠かせない体験はケンカである。昔は「きょうだいげんかは鴨の味」と言い慣わしたように、きょうだいは必ずケンカする。それぞれが自分の意志を持って自己主張すればぶつからないはずはないからである。ケンカは楽しいことではない。そこで子どもたちもケンカしながらケンカを克服すべく努力する。譲りあうことを覚えたり、約束事を作ったり、相手の存在を認めたりするようになる。かけひきや取引の末にルールとマナーが成立する。ケンカは「他者の発見」のための必須のプログラムである。ケンカを通じて相手が分かり、ケンカを越えて友だちができる。「ケンカ友だち」こそ本当の友だちなのである。

ケンカの効用はもう一つある。攻撃性の馴化《じゅんか》ということである。人間が本来持っている攻撃性は高じれば相手を物理的に抹殺する行動さえ引き起こす。これをいかにコントロールするかは社会生活を円滑に進める上で欠かせない課題である。ケンカがさほど深刻にならない幼児のうちに思い切りケンカを体験し、攻撃性を発散しておくことは大切である。小さいころに虫も殺さぬいい子であった子が、中学生になって残虐な殺人を犯したりするのは、小さいころのケンカ不足（ケンカの抑圧）に一因があるように思えてならない。攻撃性を飼い慣らし、自らをコントロールできるようになるために、攻撃性をスポーツへ昇華させることも重要である。スポーツ好きになるためにも、小さいころの身体遊びが大きな価値を持つわけだが、そうした遊び体験はどんどん狭められ、電子ゲームで擬似的に攻撃性を発散しているのが今の子どもたちである。そこに一種の病理を感じてしまうのは筆者の偏見だろうか。

さて、このケンカは子どもの日常生活のあらゆる場面で起こり、自然の中ばかりでないことは言うまでもない。むしろ、ケンカは室内のような閉じた空間で起こりやすく、自然の中では起こりにくい。いや、起こることは起こるのだが逃げ場が豊かにあるのでケンカが深刻にならずに拡散し、ただの遊びに変わってしまうことが多い。つまりは自然の中での方がケンカのような攻撃的な遊び（例えば戦争ごっこ）がやりやすく、全身を使って闘いあう体験を得やすいということである。

もう一つの「残酷体験」となると、これは自然の中でこそ豊かに、しかもおおらかに味わえる。チョウチョやトンボやバッタの羽根をむしったり、カエルの肛門から息を吹き込んだりする残酷な遊びは、かつての悪童たちには日常茶飯事であった。残酷遊びは大人の禁止事項に反逆するイタズラとともに「ワル」の遊びの二大メニューだが、ワルこそは遊びの魅力に不可欠の要素であった。大人たちは「よい遊び」を推奨し、悪い遊びの撲滅を図って止まないが、ワルこそは子どもの生のエネルギーそのものであり、生きる力の根源とも言える。もちろん子どもが社会化される過程で最終的には善なるものへの志向＝倫理感

緑の傾斜を転がり落ちる

が形成されねばならないが、それは悪を単純に否定して得られるものではなく、むしろ悪を体験し、それを乗り越えてこそ得られる（乗り越えなければ得られない）。闇があるからこそ光の意味があるのである。

ワルの遊びの中にはスリルとともに言いしれぬ恐怖があった。この「恐れ」から一次元高い「畏れ」が生まれる。いたずらで叱られ、残酷な（虫や小動物が主な対象）行為を自ら悔やんではじめて、本当の善が体得される。善の背後にある「聖なるもの」が見いだされる。大人たちはこの機微を忘れることなく、遊びの中のワル体験に寛大になる必要がある。悪い遊びを禁止していい子のいい遊びばかりにしてしまっては、実のところ真にいい子は育たない。

もう一つ、ワルとは反対側にあって重要なのが「夢とファンタジー」である。昔々のおとぎ話の世界や魔法使いの森、あるいは「サンタクロースって本当にいるの？」という子どもの夢を大切にすることも心を育てる重要な教育である。夢は遊びの世界にふんだんにある。子どもたちの「ごっこ遊び」は夢と空想が成分である。砂場で土の造形をしたり、野原や森を駆け回ることは、単純に身体を動かしているだけではなく、空想の世界が重ね合わされてさまざまな冒険を体験しているのである。子どもの心の中に豊かなファンタジーを躍動させるためにも自然という舞台は欠かすことができない。

4　自然の中での人間関係

自然という場〝トポス〟は、そこで活動する人間たちの相互関係にも大きな影響を及ぼす。子どもたちの集団は、都会的な環境の中と自然の中とでは明らかに異なる様相を見せる。とくに自然の中では異年齢集団が組みやすく、また、それにふさわしい活動プログラムを容易に見つけることができる。さんさん幼児園の良さの一つは、年齢の異なる子どもたちの関わりが大切にされていることだと思われる。三歳児から五歳児までが、それぞれ子ども自身が名前を付けた、いくつかの小グループに分かれてわいわい賑やかにやっている。身体の大きさがずいぶんと違う子らが額を寄せ合って

雪が降ると遊び場は一変

相談している光景はほほえましい。

一般に今の子どもたちの集団体験は同年齢集団に偏りがちである。クラスと言えば幼稚園からずっと同い年の子どもで構成されている。親しい友だちもだいたい同年の子ばかりだ。こうしたドングリの背比べの同質集団には「競争原理」が働いて互いに切磋琢磨しあうことになる。子どもたちのやる気を刺激して効率よく教育を行うには、競争原理の活用は確かに重要な方法に違いない。だが人が社会を組んで生きていくには、もう一つ大切な「協調原理」があることを忘れてはならない。人間同士がひとりひとりの違いを乗り越えて互いに助け合い、教え合うことを学ぶには、同質集団ではなくて年齢層の異なる縦の関係が必要なのである。

もともと地域の遊び集団は異年齢集団であった。それは「地域のきょうだい」ともいうべき関係で、年長の子がリーダー（ガキ大将）となって子どもたちを率い、徒党を組んで遊び回った。さまざまな遊びの技術や遊び場や遊び道具についての知識と情報は年上の子どもから年下の子どもへと伝承され、子どもは大人の干渉を受けない自立した世界を持つことができた。それればかりか歳の行った子どもたちは幼い子どもたちの保護者的な役割を果たし、幼児が安全に過ごせるような心配りもあったのである。ルールのよく分からない（あるいは技術の低い）幼児を「みそっかす」として扱い、半人前だがそれでも一定の参加を許す仕組みはその典型である。しかし、現在の親たちは自分の子が大きい子と遊んでいるとイジメられるのではないかと心配し、逆に小さい子とばかり遊ぶとわが子は智恵が足りないのではと気にしてしまう。否である。年齢の落差という位置のエネルギーこそが、教え―教えられ、助け―助けられる人間的な関係を生み出す原動力なのである。

自然の中に置かれた子ども集団は、すぐれて協力的・協調的に活動する傾向が高い。メンバーを誰も孤立させず、メンバーの方から見ても集団の中に溶け込みやすい。もし誰かが孤立を望んでも「孤立したい」とよほど頑張らないとできないという感じがある。自然の中では外界からさまざまな刺激があり、楽しい情報もたくさん入ってくる一方で、不安や恐ろしさをかき立てる場面もある。それへ対処するためにメンバーは自ずと力を合わせる方向に進んでいく。閉じた空間や抑圧された場面では、ひとりひとりの持つ攻撃性が弱いメンバーに向けられて「いじめ」が発生しやすいが、自然の中ではむしろ攻撃性は外へ向かい、内なる共同と協力が生まれるというべきであろうか（兄弟内にせめげども外その侮りを防ぐ）。

活動的な「タテの異年齢集団」をつくることができると、子どもの中から、小さい子の世話をする、面倒を見るという気持ちが引き出されていく。それはさらに障害を持った子どもたち（さんさん幼児園には、ダウン症、自閉症、発達障害などいろいろな子が入ってくる）にも及んで、周りの子どもたちの気遣いが生まれる。どんな子どもも孤立することはなく、自然に、それなりのとけ込み方をし、自分の「居場所」を見つけだす。障害がある子にもその子なりのとけ込み方と位置づけがあることをみんなが了解する。これは自然の営み自体が持っているエコロジーの原理と何ら異なるものではない。

5　自然体験を継承するための仕組みづくり

現在の学生たちを見ると、明らかに二手に分かれる。非常にアクティブで、体験学習に積極的に参加し、さんさん幼児園にも喜んでやって来て子どもと遊び戯れることができる学生と、身体を動かすことには消極的で、授業も講義中心のものを好む学生とがいる。前者の学生たちの多くは、幼いころに自然活動の経験が豊かにあるようだ。実家が農家で、子どものころは稲刈りもしたことがあるという学生も少数ながらいるが、そういう学生は自然の中ではまことにイキイキとしている。他方、都会的で繊細だが、対人コミュニケーションが活発ではなく、自分の殻に閉じこもりがちな、ひ弱な学生もだんだん増えてきた感がある。そして、そういう学生たちに尋ねてみると、その父母の自然体験があまり広くなかったのではないかということが推測される。親の行動様式が甚大な影響を子どもに与えることを考えると、このままでいくと、日本の母親は、ますます子どもを野外に出さない――そんな危ないところに、そんな汚いところに、あるいは何が起こるかわからないような恐ろしい場所に子どもを行かせるわけには行かない、と考える母親が増えて行くであろう。これまでの母親世代の自然体験を、これから補填することができない以上、何らかの手だてを講じないと、子どもの自然離れは決定的になり、子どもをキャンプに送らない時代になってしまう。現にその傾向がはっきりしてきた。

　親自身が必ずしも野外活動体験が豊富でないとすると、求められるのは、子どもの自然体験ばかりでなく、親子で参加し、ともに楽しむことのできるプログラムということになる。さんさん幼児園では、そういう視点から積極的に親子の自然体験活動を推進してきた。まずは「春の園庭散歩」と称する里山ハイキングがある。園の活動エリアになっている里山は、南北二キロ、東西一キロ半、およそ三平方キロ（三百ヘクタール、約百万坪）の広さがあり、クヌギとコナラに代表される雑木林と畑と野原、谷戸の田んぼが織りなす変化に富んだ景観が広がっている（１５４ページの図）。新緑の萌える四月の里山を弁当持ちでのんびりと歩くだけで、参加したファミリーのほとんどが自然愛好家に転向してくれる。この「園庭」をフルに活用して、自然観察、ウォークラリー、オリエンテーリングなどの野外活動を四季折々に展開し、崖を登るレースを取り込んだ「里山アスレチック」というイベントも行ってきた。

園の行事や里山のイベントに親たちを呼び込んでいくこと、それも単なる義理で参加するのではなく、親自身も心底「楽しい」と感じることのできる行事をつくることによって、親たちのコミュニケーションが育ってきた。母親中心の文化活動（人形劇や音楽サークルなど）も盛んだが、父親の飲み会から始まった「オヤジの会」も、一種の異業種交流の場となって人気を博し、それを土台に園のもろもろの行事への参画体制が整っていった。春のお花見の大宴会や焚き火でパンを焼く「遊ぼうパン」の火守や、秋の大運動会の仮装応援団や、冬の日の餅つき隊などはオヤジの会の専管事項になっていった。その活動の中で、オヤジたちは自主的に夏の合同ファミリーキャンプに取り組むようになった。毎年夏休みに行われる奥多摩の大自然を楽しむキャンプは二十〜三十家族が参加する一大イベントに成長した。こうして、それぞれの家庭の一年のカレンダーに、「さんさんライフ」なるものが単なる子どものレベルを越えた一家の行事として定着してきた。

親たちとともに子どもの自然体験を継続的に追求する仕組みとして、二〇〇三年には「NPOさんさんくらぶ」をスタートさせた。これは幼児園を卒園した父母の有志を核に組織したもので、里山保全や青少年の自然体験活動、地域のスポーツ・レクリエーション・文化・学習活動、地域福祉に関わるボランティア活動などに取り組むことを目標に掲げ、六十名ほどの会員で運営している。中核になる事業として小学生の「里山自然学校」を開講し、里山を舞台に月例会を行っている。自然観察をはじめ、自然の中でのアート創作、里山キャンプ、前述のアスレティックなどに取り組むほか、二〇〇五年から谷戸の田んぼを借り受けて稲作にも挑戦している。数十名の子どもと大人が泥田に挑む田植えや稲刈りには、ほとんど祝祭的と言ってもいい喜びがあるし、農薬を使わない稲作は収量は多くはないが、田んぼにカエルやドジョウがもどり、初夏の田んぼにはホタルの乱舞も見られるようになった。

6　都市周辺の自然環境の活用

幼少期の自然体験を広げる場所を都市近郊に確保することはできないだろうか。それは

谷戸の田んぼで大人も子どもも一列になって苗を植える

必ずしも困難なことではない。日本の国土の三分の二は山林で、緑の比率は「森と湖」のフィンランドについで高い。中央部の山地だけでなく、都市の周辺にかなりの森林が残されているし、規模が小さいものなら都市の中にも緑はある。現に人口二十万人の多摩ニュータウンの南側には、ここで紹介した小野路の里山が広がっている。民俗学的に言えば、「さと」とは人の領域、「やま」は神の領域になるが、「里山」は神と人の出会いの場であり、両者が手を携えて自然の恵みを引き出す作業場である。四季を通じて楽しめるクヌギやコナラの雑木林や、小さな田んぼが段々に連なる谷戸の景観は、私たちの先祖が長い時間をかけて自然と関わり合いながら作り上げた共同作品である。

巨大な団地群が連なる多摩ニュータウンの

緑の道を仲良く歩く

南側の尾根（最近は尾根沿いの遊歩道にわれわれの仲間が付けた「横山の道」という名称が定着して歩く人が増えた）を越えると、風景は一転して懐かしい里山が広がる。しかし、現在では雑木林も谷戸の田畑もほとんど手を入れられることなく荒廃している。代わって道沿いにはアパートやマンションが立ち並んでかつての面影は薄れてしまった。「さんさん幼児園」がスタートしたころは、里山はもっとそれらしく、タヌキも夜な夜な徘徊し、キジもコジュケイも健在で、元気な鳴き声を山に響かせていた。谷戸の田んぼには青々した稲の行列が整然と風になびいていたのだった。

　北側のニュータウンでは味わえない自然との豊かな交感という営みを、わずか二、三キロ南の小野路の森で、再び取り戻すことは不可能ではない。そのためには自然の奥深さへの尊敬の念と多少の知識といささかの汗とを合わせて楽しい運動を起こせばよい。ただし、国立公園のような高度な自然地ならば、所有者が国や自治体である部分が多く、公共的な使われ方をしやすいが、都市の近郊の自然はすべて個人や企業の私有地である。雑木林がアズマネザサの藪になっていても、畑が放置されて雑草が生い茂っていても地権者の許可なく勝手に入り込むわけにはいかない。これを自然体験の場として生かしていくには、「まちづくり」という視点が必要になる。残された自然を大切にし、子どもにとっても、勤労者やリタイアした高齢者にとっても自分を生かす場として使い込んでいくこと、それが地元の人々にも大きな利益になることを理解してもらう「まちづくり運動」を起こすことが求められる。

地域の中を歩くと、放置された野原や雑木林を見つけることができる。地権者を捜し出してその利用を願い出ても必ずしもよい返事をもらえるわけではない。その時に「子どもの健全育成」という趣旨を前に出して、「あそこにステキな林があります。これを子どもの遊び場にして木登りなんかさせてもらえないだろうか」と当たってみるのが成功率が高いように思われる。現在の子どもたちが自然との関係を絶たれていて、その回復こそが子育てのポイントであるという見解は、自然の豊かな場所に住む人には説得力ある論理である。

われわれの周りにはたくさんの子どもがいる。また、探してみればそれなりの自然が身の回りにはある。その子どもたちと自然とを結び合わせて小さくても新たな動きを創り出したい。子どもの教育を文科省や教育委員会任せにしておくことはできない。われわれ市民が自分たちの活動として取り組んでこそ、行政も動き、社会も理解を示すのである。

【参考文献】

（1）『太陽の子どもたち—さんさん幼児園30年記念誌』ＮＰＯさんさんくらぶ、２０１２年

三　遊人鶏卵問答
――レジャー・レクリエーションとスポーツを巡って

閑暇先生、性はなはだ遊びを好み、また、はなはだ遊事を論じることを好む。而してその遊ぶときは時と所を選ばず、あるいは身辺の些事を楽しみ、あるいは童子等との遊戯、恰も幼児のごとく楽しむ。更に余暇と金銭とを得たらんには、遊戯世界を徘徊して飽くことを知らず。あるいは音楽に演劇にスポーツに旅遊に、意気揚々として太虚に雄飛するごとく、目喜び耳楽しみ、世界中に憂苦なるものあるを知らず。

更に遊ぶこと数日に及べば、先生の心身、頓に劇昂し、思想しきりに奔湧し、身は一室のうちにあるも、眼は全世界を通観し、瞬息の間に千歳を遡り、また千歳の後を望んで世界の航路を指示せんとす。先生自ら思う、我これ人類処世の道の指南車なり、願わくば遊戯を以て世界の原理となし、遊楽を以て人間の道となさんか。世の近眼者等、妄りに労働を以て世界の枢要とし、労苦を以て人世を導かんとす、これ大いなる災いにして、実に哀れむべきの至りなりと。

然れども先生、身はこの世にあるも、心は常にハコヤの山に登り、無何有の郷に遊ぶが故に、その説くところの理論、その述ぶるところの説、往々にして曖昧模糊、笑止千万、前後不覚となならざる事少なし。然るに先生、些かも意とする所なく、嫣然として遊論を楽しみ、夢想に戯れて時を送る。

先生の知人、また先生の人となりを伝聞する者、先生を措いては聞くべからざる奇論を拝聴せんが為、時に酒一瓶、肴少々を携え、先生の庵を訪なう者少なからず。今日また両人の客あり。一人は優美なる婦人にして眉目秀麗、言辞明敏にして挙止発越、その優雅なること遊戯の精霊と言わんも可なり。今一人は丈高く、腕太く、面黒き男子にして、一見して偉大を好み、危険を喜び、豪傑社会の人種たるを知るべし。両人先生と対座して礼をなし、徐に持参の洋酒を先生に捧ぐ。先生これを嘉納し瓶を傾けて談論に及ぶ。先生すなわち一人の客を呼んで「遊子」嬢と称し、今一人を呼んで「闘士」君と称し、あえてその姓名を問わず。両人交々曰く、我ら久しく先生の高名を聞けり。先生の学、東西に渡り、先生の識、古今を貫く。願わくば先生と共に古今東西の遊戯と闘技を論じて宇内の形勢を看破せんと。先生莞爾としてこれを受け、而してこの奇なる鼎談、夜を徹して続けられたり。

…と言うわけで、閑暇先生を囲んで、遊子嬢と闘士君の遊戯と闘技（今風に申すなら、レクリエーションとスポーツ）に関するディスカッションが行われました。以下は現代語訳で記すことにします。

遊子嬢―　私は閑暇先生のように遊びが大好きで、音楽や文学や演劇を楽しんできました。旅もすてきなレクリエーションですね。でも、文学少女であった私にとってスポーツというのは、正直つきあいにくい存在でした。学校の体育の時間には、したくもないのに走ったり、投げたり、飛んだりさせられる。徒競走ではいつもビリだし、体力テストをすれば最低の成績でみんなに馬鹿にされたし、いろんなスポーツ種目をやらされたけれど、私はもともと戦うというのは好きではないの。部屋の中で静かに小説を読んだりしていたいのに、グラウンドに引っ張り出されて大汗かいて戦わなくちゃならないのは恥ずかしかったし苦痛でした。

でも、考えてみるとスポーツも遊びではありませんか。架空の規則を作ってその下で競争しあうというのは、子どもたちの鬼ごっこやかくれんぼと本質的に違うところはありません。ホイジンガが喝破したように「文化は遊びの中で遊ばれるものとして創られた」わけで、スポーツも時間と空間を区切って一定のルールを設けて戦い合う遊びに他なりません。しかし、遊びの中でスポーツだけは、遊びらしい楽しい遊び気分を自覚していないというか、むしろ、遊びや楽しみの感覚を否定して外に追い出しているように見えます。実際、スポーツをやる人に「スポーツは遊びだ」というと、たいへん腹を立てて「遊びじゃない」と言い張る人が多いですね。遊びのくせに遊びでないと言いたがるスポーツというのはいったい何なのでしょう。

闘士君――一生懸命打ち込んでいるスポーツを「遊びにすぎない」と言われたら、たいていのスポーツ人は怒るだろうね。何と言ってもスポーツの精髄は闘争性にあるわけで、遊子嬢がいくら闘争を好まないと言っても、この世は闘争・競争で成り立っているんだ。太古の昔から人類は闘争し合ってきたわけで戦争が絶えたことはない。オリンピックがオリンポスの神々に捧げられアゴーン（競技）で、そのときには戦争中のポリスもたがいに休戦するのがならいだったと言う。スポーツは人間の宿痾である攻撃性に枠をはめてこれを昇華させる装置とみれば、人類の平和を構築する上でも、たいへん重要な意味があると考えます。

現代の産業社会の原理は競争でしょう。競争がよりよい製品を市場に提供していく原動力だし、個人においても競争し合うことで進歩や向上がもたらされる。資本主義の競争原理に歯止めをかけようとした社会主義は結局失敗してしまった。競争という避けがたい営みに人間を馴化させるためにもスポーツは一役買っていると見ています。

遊子嬢は「遊び」という概念を拡張しすぎているのではないかな。確かにホイジンガ的に定義すればスポーツも遊びの範疇に入るでしょう。しかし、山崎正和氏が「遊戯論批判」の中で述べていることですが、遊び概念があまりに拡大すると、結局、何でもかんでもみんな遊びになってしまって、遊びの遊びたるゆえんが曖昧になってしまうんじゃないの。遊び概念を拡張しすぎることは危険ですよ。

遊子嬢―　闘士君の意見はスポーツの原理としてはわかるけれど、日本のスポーツの現実を見ていないな。現実の闘争を昇華させた、遊びとしての競争は（私の好みはともかくとして）もっと楽しいものであるはずでしょう。子どもたちの競争遊びはホントに楽しそうに行われています。それなのに、日本の学校スポーツはまるで楽しんではいけないように、苦行のように行われて来ました。それどころか、しごきや暴力が横行して、リンチ殺人まがいのことさえ起こっているではありませんか。攻撃性を昇華するどころか、スポーツの名の下に野蛮な攻撃性に場を与えていると見ることとさえできます。

それに現代の社会が競争原理に傾斜していることを闘士君のようにそのまま肯定はできません。競争原理も大切ですが、もう一つ、人間が互いに協力し合い助け合うという協調原理を忘れることはできません。社会主義はそれを目指した運動でした。確かに現実のシステムとしての社会主義諸国は崩壊したけれど、だからといって社会主義の理想が無意味になったわけではありません。日本はまさに小泉改革で競争原理の重視を追求してきたけれど、その歪みや問題点は至る所に現れて深刻な「格差社会」に陥っています。これを超えるための協調原理の再興が現下の課題だと思います。そして私が思うに余暇や遊びの精神は協調原理とむすびついていると思うんです。閑暇先生いかがですか。

閑暇先生― お二人の論点というのは、スポーツにおける遊戯性と闘争性ということだね。これは永遠のテーマだな。どちらがより本質的かというと、これは鶏と卵みたいな関係でどちらとも言い難い。スポーツというのは実質としては闘争だが、それは確かに遊びという枠組みの中にある。闘争が激化して遊びの枠をぶち壊してしまうとサッカーにおけるフーリガンの騒動にみたいになってしまうし、闘争がいい加減で（それこそ遊び半分で）真剣味を欠けば、スポーツとしての質の高さが失われる。

こういうたとえをご存じかな。「カキクケコのスポーツ」と「あいうえおのスポーツ」があるというのだ。前者はカタイ、キビシイ、クルシイ、権威主義で強ばったスポーツ。遊子嬢が批判される日本のスポーツ風景というと、カキクケコ的な傾向が顕著にあると思われますな。もう一つは、あかるい、いい加減な（これは、適当にやるというのではなく、ちょうど良い加減でやるという意味だが）うれしい、笑顔の、おもしろいスポーツということだ。

これが遊子嬢の言うところの遊び感のあるスポーツということではないかな。

遊子嬢―　その通りだと思います。日本のスポーツはこれまでもっぱら「カキクケコ」で行われてきましたね。それをどうやったら「あいうえお」に変えられるかというのが問題です。

閑暇先生―　両者が全く対立するものか、それとも、接近・融合しうるものかというのは検討してみる価値がありますぞ。私はスポーツと遊びを分離しようとするセグメンタリズム（分離主義）と両者を溶け合わせようとするホーリズム（全一主義）とがあって、日本はこれまでセグメンタリズムが前に出ていた。しかし、近年はホーリズムも力を得てきたと見ている。それもエリートスポーツの側からスポーツをもっと楽しもうという動きが出てくる一方、一般のスポーツ愛好者のレベルが上がって闘争と遊びが一続きのものと見えてきたという面もあると思うのだ。その土台には、これまで生活とスポーツが乖離していて、スポーツが必要以上に聖域化されていたのが、生活のゆとりが拡大してスポーツが次第に日常生活に根付いてきたということだろうね。

ただし、スポーツの基盤となる自由な時間（余暇）に注目すると、わが国は先進諸国に比べて余暇が貧弱だ。労働時間は長いし、休暇もお粗末だ。有給休暇が半分も消化されていないという事実を知っているかね。相変わらず過労死や過労自殺が後を絶たない。余暇意識も余暇実態も貧弱なままでは、遊びとスポーツの幸福な融合もまだまだ先の話になってしまうということだね。

遊子嬢― 私は遊びやレクリエーションの一環として日本人のスポーツを考えてみたいのです。レクリエーションの世界でも第二次大戦後早くからスポーツが取り上げられてきたのですが、それは一貫して初心者でも楽しめる、とりつきやすいスポーツを重視するという姿勢で行われて来ました。バドミントンとかバレーボールとかソフトボールなどはみな、出発点はそうした捉え方でした（その後、だんだん競技化してしまいますが）。ところがこれらのレクリエーション派が進めるスポーツは簡易スポーツとか、軽スポーツとか言われてきたのです（レク関係者自身もそう言っていましたが）。つまり、本来の、正当なスポーツ（重スポーツ？）がまずあって、それに対してお手軽で簡易なレクリエーション・スポーツは、一段低く位置づけられていたということです。やや極端に言えば、レクリエーション・スポーツは、まともなスポーツが難しい女・子どもの、あるいは高齢者のスポーツということになります。ゲートボールがいい例で、戦後まもなく、子ども用に開発され、その後は高齢者に根付いて、老人クラブの定番みたいになっていますね。

闘士君―　戦後の日本社会の中でスポーツの果たしてきた役割はまことに大きいと思います。戦争に負けて鬱屈していた日本人に自信を取り戻させてくれたのはフジヤマのトビウオと言われた水泳の古橋選手の新記録だったし、復帰したオリンピックでの体操選手の活躍でした。教育の中でもスポーツは身体と精神を鍛えるという明確な目標のもとに推進されてきました。学校のスポーツクラブが青少年教育の分野で果たしてきた役割は無視できません。国民を熱狂させる甲子園の高校野球は郷土愛を養うにも格好の場となってきましたし、プロ野球のスター選手の活躍は、子どもたちには夢を、疲れたお父さんにはテレビの前での束の間の慰謝を提供してきた。こういうスポーツには、自分を追い込んで極限を追求するがんばり精神は不可欠で、それには「カキクケコ」精神はどうしようもなく必要でしょう。

もちろん、スポーツに縁の薄かった人々をスポーツの世界に導入する「入門型」のスポーツや、真剣なスポーツに疲れた後での気晴らしを中心とした軽いスポーツがあってよいことはもちろんです。レクリエーション・スポーツを競技スポーツと区別して位置づけるというのは現実の要請に見合っていたことで、特別問題にするには当たらないと思うな。

遊子嬢―　競技スポーツといえば、すぐに国威発揚のナショナリズムにつながってしまうというのが私にとっては問題なんです。甲子園にしてもわが県のチームを応援するだけの郷土愛なんて単なる幻想ですよ。地域をよくしていこうという「まちづくり」意識には結びついていきません。私は集団や組織に絡め取られるスポーツではなく、個人の楽しみとしてのスポーツを生活に根付かせることが何よりも重要だと思うのです。それが「レクリエーションとしてのスポーツ」なんです。

閑暇先生― 戦後の教育改革の中で、レクリエーションが教育目標として打ち出されたことがありましたな。一九四七年の「学校体育指導要領」には「体育の目標」の一つとして「レクリエーションとしてのスポーツの正しい認識」が掲げられておった。その「指導方針」には、

・遊戯及びスポーツを中心とする指導を行い、スポーツマンシップを養う。
・業間、放課後その他自由時間を活用し体育の生活化を図る。
・郊外のレクリエーション施設を利用し、全生徒が十分運動できるようにする。

と書かれてあった。これはレクリエーションを目的として捉え、そこにスポーツを包摂しようとしたと見ることもできましょう。しかし、この理念は血肉化されなかった。独立回復後の見直しの中で、レクリエーションの位置づけは後退し、レクとしてのスポーツという発想は鍛錬主義のスポーツに置き換わってしまうのだね。

遊子嬢——　地域のスポーツ組織で見てみると体育協会というのはどこの地域にもある競技団体の統轄組織です。それに対してレクリエーション協会というのは、数も少ないし、あっても体協と同格ではありません。中味は踊りのグループや体協に入れてもらえない「軽」スポーツやニュースポーツのクラブで構成されていて、体協の一加盟団体になっている場合も少なくありません。スポーツがレクリエーションを、周辺的な存在として包摂しているという状況が戦後長く続いてきました。

様変わりが始まったのは、「生涯スポーツ」という概念が取り上げられるようになった一九八〇年代の後半からなんです。その背景には当時の「臨時教育審議会」が進めてきた教育改革があり「生涯学習体系への移行」ということが強調されました。この動きのさらに奥深いところには学校中心の近代教育の行き詰まりを打破して、教育の基盤を生活と地域に置き直そうとする大きな流れがあったと思います。スポーツにおいても学校中心の鍛錬主義のスポーツを越えて、幼児から高齢者まで、各世代を貫く「生活の中のスポーツ」という捉え方が前に出てきます。そうなると一度は消えかかった「レクリエーションとしてのスポーツ」という視点も改めて見直されることになったのではないでしょうか。

一九八八年に文部省に初めて「生涯スポーツ課」というセクションが置かれるのですが、

その時に従来の国民体育大会（国体）に加えて「全国スポーツ・レクリエーション祭」という新しいイベントを始めるんですね。これはあっさり言えば、体協からはみ出したニュースポーツや非競争型のダンスや野外活動を取り込んだ「楽しいスポーツ大会」を創始して、天皇杯・皇后杯でにっちもさっちも行かなくなった国体に対置させようとしたと言えると思います。この「スポ・レク祭」によってスポーツとレクリエーションの接近が進んだことは確かです。スポ・レクという表現は「スポーツ的なレクリエーション」でもなければ「レクリエーション・スポーツ」でもない、両者はANDの関係なんですね。そしてスポーツとレクリエーションが対立的に並んでいるのではなく、お互いに浸透し合うというのか、集合で言うベン図の論理積（AND）みたいな関係になってきたと思うのです。私にしてみると、とっても好ましい傾向です。

闘士君― 遊子嬢の言われる「スポーツに楽しみを」という主張は私だって理解しないわけじゃありません。スポーツの可能性を最大限前進させ、頂点を押し上げることのできる、すばらしい選手を産み出すためには、スポーツの愛好者を増やし、すそ野を広げなくちゃなりません。いやいや、裾野とか底辺なんぞというと頂点から下々を見下していると遊子嬢に抗議されそうだから言い直しますが、野球でもサッカーでも同じですが、そのスポーツの支持層を生涯スポーツ的に拡大する必要については異論はありませんぞ。日本の野球の強さが小学生からシニアまで草の根的に広がった野球愛好者に下支えされていることは間違いない。サッカーについても少年サッカーから始まって学生、社会人、女性から中高年へとサッカーファン（見るだけでなくプレイする人も含めて）が広がってきたからこそJリーグの存続も可能なのだ。

遊子嬢―　闘士君との接点が見えてきたのは嬉しいですね。でも、一つ聞きたいのは、なぜ日本のスポーツ人は「ひとすじ」派ばかりなんですか。野球をやるとなると年がら年中野球ばかり、いくつになっても野球野球。これでは野球以外に人生はない、みたいな偏狭なスポーツ

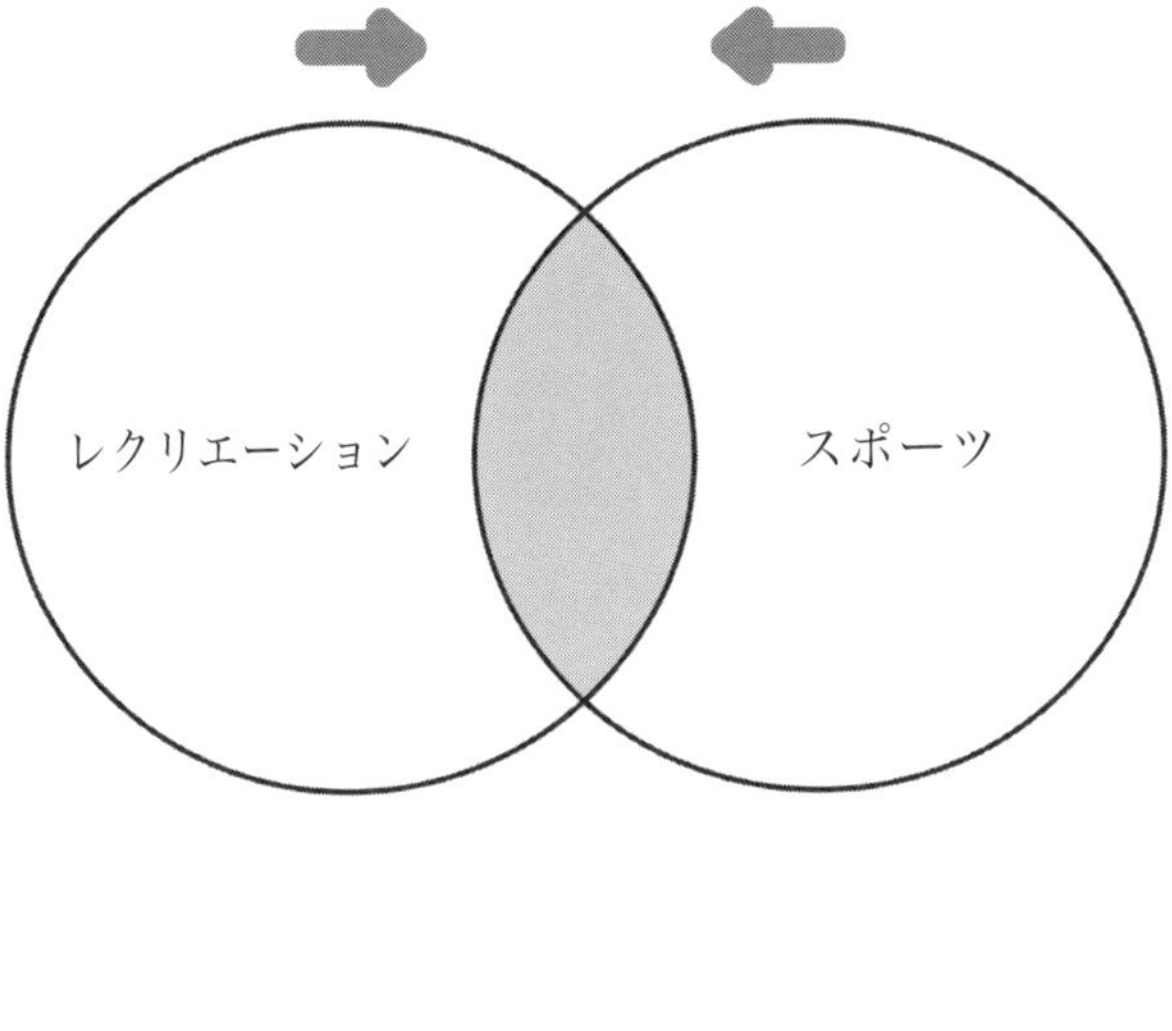

マニアばかり増えてしまうでしょう。春は野球、夏は水泳、秋にはサッカー、そして冬にはスキーやスケートを楽しむというようなバラエティ豊かなスポーツライフを作り出せないんですか。

闘士君― そんな枕草子みたいなことではとてもじゃないが強くはなれん！

遊子嬢― 強くなるばかりが能ではないでしょう。勝利至上主義で見れば確かに一つの種目に特化するのが有利かもしれません。でもマルチな選手の方が最終的には強い、という説だってありますよ。私の言いたい「レクリエーションとしてのスポーツ」というのは、あれかこれか、ではなくて、あれもこれも取り込んで生活を豊かにしてくれるようなスポーツなんです。生涯スポーツというのは「生涯一スポーツ」という「ひとすじ」を目指しているのではないでしょう。生涯にわたって多彩なスポーツ経験を求め続けるという意味でしょう。

もともとレクリエーションという語は「創り直し」が原義です。一つのことに凝り固まらないで、常に変化を求め、生活を再構築していくことを目指すことです。つまりはスポーツライフをリクリエイトし続けるスポーツ・レクリエーション（スポーツ再構築）ということね。スポーツという豊かなフィールドはそれを可能にしてくれるはずです。そういう意味でのスポーツライフの見直しと拡張を闘士君にも目指してほしいの。

闘士君―　ううむ…。

閑暇先生―　ここ十年ほど文科省は「総合型地域スポーツクラブ」を地域に作ろうと躍起になっておるようだ。ヨーロッパモデルの社交型クラブで多彩なスポーツに親しもうというのが目標だが、はかばかしくは進んでいないようだね。補助金のついているうちは一応それらしく活動していても金の切れ目が縁の切れ目になりがちだ。NPO化して運営しているところも多いようだが、経営はなかなか困難と聞いています。しかし、そのアイデアはまさしく遊子嬢のいう「スポーツANDレクリエーション」だと思われます。スポーツ競技と遊びの楽しさを融合させ、世代の交流を図り、地域の社交の場となる。クラブが発展すれば、それを土台にプロチームが活動するというのも夢ではない。気長にやってみることだと私は考えている。

それにつけてもわれわれ日本人は、もう少し「社交する人間」を目指して、社交性に富んだ社会を作る努力をすべきでしょうな。山崎正和氏も言っておられるが、個人と社会全体の中間に、互いに顔の見える中間集団を作ることが社会全体の発展のために重要だと思われます。スポーツＡＮＤレクリエーションの世界はそのために欠かせない装置の一つになりましょう。

それにつけてもご両人、これをよい機会に、お二人の社交を進められよ。遊子と闘士の幸福な結合こそが混迷を深めるに日本社会の唯一の希望かもしれませんぞ。

・・・・・

閑暇先生笑うて曰く、公等は鶏と卵なり。鶏は卵を慈しむべし、卵は鶏たらんことを欲してその腹の下に抱かるべし。さすれば日を経ずして愛らしき雛の誕生を見るべし。雛は成長して公等の未来を創らん。二客これを聞いて唖然として大笑し、遂に辞して去れり。

二客ついにまた来たらず。あるいは言う、遊子、闘士、相携えて地域の社交の場を創り、新たなるスポーツの芽を育てたりと、また愛児を挙げてともに喜べりとも。而して閑暇先生依然として唯、有閑の時を送るのみ。

【注記】

（1）この駄文はもとより、かの中江兆民大先生の『三酔人経綸問答』の粗雑な模倣に過ぎない。明治二十年に書かれたこの「対話編」は、しかし、まことに気宇壮大である。南海先生、洋学紳士、豪傑君が天下の趨勢を論じ、国権主義と民主主義の行く手を検討する。その射程は大正デモクラシーを越えて、さらに後代の太平洋戦争や戦後の日本までにも及んでいるように思われる。こうした大きな見取り図のもとで、複眼的に論議することの面白さと楽しさを何とか見習ってみたいと考えた。レジャーとレクリエーション、さらにスポーツの関わりもまた一筋縄ではいかない大テーマである。兆民先生の「問題の立て方」を学びたいと思ってこの形式を借りてみた（桑原武夫・島田虔次訳・校注『三酔人経綸問答』岩波文庫）。

（2）スポーツとレクリエーションの関わりを検討するにあたって「ニュースポーツ」という視点を見落とすことはできない。野々宮徹は『ニュースポーツ用語辞典』の中でニュースポーツ概念登場の経緯を丹念に追求しており、その前史として簡易スポーツやレクリエーション・スポーツを位置づけている。稲垣正浩はそれらを踏まえて「臨界点に達した近代スポーツ」からの離脱、あるいは移動を象徴するものとして「ニュースポーツ」を意味づけている。（稲垣「ニュースポーツ論議の意味」、野々宮徹他編『近代スポーツの超克』所収）これらの論議に学びながら、レクリエーションをスポーツ論の文脈の中で位置づけ直すことが論者の今後の課題であると思っている。

（3）山崎正和は『社交する人間』で、ホイジンガを批判的に検討し、彼が遊戯を真面目から峻別して聖域化しすぎたことを指摘している。そして遊戯と真面目とに共通する根源としての社交を打ち出す。彼の社交論を踏まえてスポーツとレクリエーションを再検討することも有益だと思われる。

第五章

これからの余暇研究

カルチュラル・スタディーズとしての余暇研究

はじめに——余暇学の方法を求めて

これまでの『余暇学研究』誌の蓄積を点検してみると、余暇をテーマにしたさまざまな論考が多彩に展開されてはいるが、余暇をいかなる方法で研究するのかという方法論への言及は乏しかったと言わざるを得ない。これまでの研究方法として多用されているのは社会調査の方法であるが、他は歴史叙述が目に付く程度で、多くの論説は明確な方法論を欠いた「余暇談義」に終始していたと言っても過言ではない。余暇という主題は、マルクスの言う社会の下部構造（経済）と人の意識に関わる政治や文化などの上部構造が切り結ぶところに生成する。そのことを踏まえて余暇問題をより総合的な視点で研究する方法を立てる必要があると論者は考えてきた。そこで日本余暇学会の研究会で取り上げたグレアム・ターナーの著書『カルチュラル・スタディーズ入門』を手がかりに、彼の言うカルチュラル・スタディーズの概念に依って余暇研究にどのような視点が加えられるかを検討してみたい。

1　研究の方法――文化研究としての余暇研究

言うまでもなく余暇は一つの文化現象である。原理的に言えば「余暇こそが文化の基礎である」（ピーパー）とも言えるわけで、そこから哲学的・総合的な余暇文化論を展開することもできよう。しかし、今求められているのはより今日的かつ各論的な余暇文化研究である。それもただ単に余暇の各領域（スポーツ、芸術、娯楽、観光…）の現状を追うだけでなく、現代文化、あるいは生活文化、大衆文化、対抗文化などの文化の諸相を念頭に置きつつ、余暇の動態を文化の視点から批判してみることが求められる。例えば、生活文化の一環としての日本人の余暇を取り上げた時に、そこにいかなる歪みや課題があるかを検討するということになる。文化の「まなざし」から余暇を捉えることは大きな成果の期待される研究方法である。

一九七〇年代のイギリスで提起され、アメリカはじめ世界に広がった「カルチュラル・スタディーズ」と呼ばれる一連の方法は文化研究に新しい光を当て、わが国でも社会学系統の学問では、ほとんど流行と言ってもいいほどもてはやされてきた。その特色を「文化は戦場である」と端的に指摘しているのは吉見俊哉氏である。「文化はけっして、何らかの一貫した原理で構成される統一体ではない」、そこには大衆的なものから前衛的なものまで、本質的なものやら相対的なものやらがぶつかり合い、折衝し合っている。その多彩な在り方を社会・経済的な状況と人間の意識のせめぎ合いとして読み解き、批判していくのがカルチュラル・スタディーズという方法だという。余暇という文化現象もまた、その視点と方法によって分析が可能なはずである。

カルチュラル・スタディーズの中心となるカテゴリーについて、グレアム・ターナーは次の五つを上げている。すなわち「テクストとコンテクスト」、「オーディエンス」、「エスノグラフィー」、「イデオロギー」、「ポリティクス」である。彼の著書ではこの五つを一つずつの章に当てて、イギリスのカルチュラル・スタディーズの発展を具体的な研究事例に則して解説している。論者の問題意識は、このカルチュラル・スタディーズの主要なコンセプトを活用して余暇研究を深化させることが可能であるかどうかという点にあった。そこでターナーの著書や日本の研究者の解説書を手がかりにカルチュラル・スタディーズの方法論と研究事例を学習し、余暇研究の現状に当てはめることができるかどうかを点検した。その結果は以下に示すとおりであり、この方法に大きな可能性があることが予感される。以下の報告は実質的な成果までには行き着いていない、研究のアイデアの紹介である。

2　カルチュラル・スタディーズの視点からの余暇研究

余暇というテクスト

余暇は各人にとって一つの「物語」であり、人は余暇においてそれぞれのテクストを紡いでいる。さまざまな世代、階層のさまざまな余暇のカタチを追い、その意味を読み解くことから日本人の余暇の実相を深いレベルで把握することができるだろう。

こういう視点を持つことによってまず想起されたのは「余暇歴」という捉え方である。論者が一貫して関わってきた（財）日本レクリエーション協会の「余暇生活相談員」の養成カリキュラムの中には「余暇生活設計」と称するプログラムがあり、そこでは各人の余暇体験の履歴（余暇歴）を子どもの段階から丁寧に追うことが課題とされた。人生の履歴の中で余暇もまた無視できないテーマであり、その総体を改めて一つの歴史（自分史）として把握し直すことが、新たな余暇プランの策定に欠かせないと考えられたからである。余暇歴のチェックはワークシートを使って行うことが普通だが、インタビューをして聞き書きを記録したり、自らの「余暇の物語」を書き下ろしてもらうこともあった。それらの記録を眺め渡して感じられたことは、自覚的に行われてきた余暇活動は、生活を支えてきた仕事の履歴に優るとも劣らない人生的な意味を持っているということであった。とくに「その人らしさ」の色濃く現れる個性的な生活は、他律的な仕事以上に自律的な余暇にこそあるとも言えるのである。今後も、さまざまな階層の、異なるライフスタイルの人々の余暇歴の収集を続けることは余暇研究の基礎的な作業の一つとして重要である。

日本余暇学会は、再建十周年を迎えた二〇〇六年に「私の余暇実践」と題する懸賞論文の募集を行った。北海道から九州まで、年代的には十代から九十代まで、全部で二〇八編の投稿があり、そこには多彩な余暇活動の記録はもとより、日本人の生き方・暮らし方の幅広い記述が集まった。その中から優秀作が選ばれ、それらを含めて四七編の作品が瀬沼克彰氏(日本余暇学会前会長)の編集で一書にまとめられて刊行されたが、この本は文字通り「余暇テクスト集」として読むことができる。編者はこれらの作品を記述内容に即して「余暇の考え方」「スポーツ、レクリエーション」「趣味、創作」「生涯学習」「ボランティア」等に分類し、全体に渡る共通要素として「若い時代の体験が一生を決める」「友人、仲間を持つことの重要性」「継続は力」等の諸点を指摘している。しかし、カルチュラル・スタディーズの視点を導入して考えてみると、一般的なテーマによる内容の仕分けでは全く不十分で、そこで語られる日本人の生活の中で「余暇」なる言葉が果たしている役割や、余暇という視点を持つことで生活の実相がどう変わるかという点にこそ注目しなくてはならない、ということが明らかになってくる。その作業は今後に待つところであるが、論者のとりあえずの印象を言うなら、それぞれの手記が示す余暇の雰囲気がきわめて禁欲的で、ひたむきな努力を重視していることを指摘したい。反面、人間関係の葛藤や社会的・政治的な運動と余暇を関わらせる視点は乏しい。勤倹力行の倫理の圧力や日本人の余暇が私生活に傾斜していることが感じられるテクスト群であると言ってよい。

余暇のオーディエンス

社会経済生産性本部刊の『レジャー白書』では、日本人のレジャー活動を、①スポーツ、②趣味・創作、③娯楽、④観光・行楽の四部門に分けて市場分析を行っている。それぞれの分野の余暇は多くの余暇消費者という担い手によって支えられている。その担い手に注目し、さまざまな余暇の参加者分析を行い、それら〝オーディエンス〟が各領域の「余暇テクスト」へどう参画しているかを見るのがカルチュラル・スタディーズの方法である。とくにメディアとの関わりに焦点をあて、テレビで活躍する余暇（スポーツ、芸能など）の主役と、それを視聴して楽しんでいる観客の反応を検討するのは重要な課題になるだろう。

メディアの寵児とも言えるスポーツについては、カルチュラル・スタディーズの観点からの優れた研究成果が発表されている。阿部潔『スポーツの魅惑とメディアの誘惑』では、カルチュラル・スタディーズの概念装置を駆使してスポーツの現状を深く分析している。例えばスポーツを「身体を巡るナラティブ（物語）」と捉え、テレビのスポーツ報道からアナウンサーや解説者の語りのテクストを読み込んでいく。すると例えばメディアが届けてくるビーチバレーの映像には「男の眼差し」が忍び込んでおり、男子と女子の報道のされ方には明らかな「ジェンダー・バイアス」が見て取れる。男の眼差しを優先させ、女の眼差しを周辺化するメディア・ナラティブの「権力作用」を浮き彫りにしていく叙述は鮮やかで説得力がある。

スポーツも余暇の一部には違いないが、もっと「余暇的」な領域でメディアとオーディエンスの関係を見て行く必要があろう。その一つはテレビに頻繁に登場する「旅番組」であると思われる。二〇〇七年にNHKはBS放送で「関口知宏の中国鉄道大紀行」を放映した。広い中国全域を鉄道で一筆書きのように回遊するという壮大な試みは、行く先々で映し出される風物や人情と、レポーター関口の飾らない人柄と多彩な体験の紹介が好評を博したようである。その背景には経済成長著しい中国社会の変化と、日本と中国の関係改善という大きな意思が働いていたと見られる。

こうした旅番組は民放各社を含めて、海外旅行や国内の温泉めぐり、さらには、日本テレビの「ぶらり途中下車の旅」のようなご近所ものまで、実に多様に提供されている。視聴者はこれらの番組をどう受け止め、そこから何を得ているのだろうか。

ＴＢＳの「椎名誠のでっかい旅〜謎の大河メコンを行く〜」という番組のホームページには、視聴者の声が数多く書き込まれている。例を上げてみよう。「僕も旅が好きで春に東南アジアに行ってきました。今回の放送でまた旅の素晴らしさを感じたし、冒険心を揺らされた気がします。テレビでの限られた時間での放送なのでいいところを厳選していたのは分かりますがそれでも、的確に東南アジアを映し出していたのに感動しました。旅はその国のいいところだけしか分からないとよくいいますが、その国の空気はその国に行かないと分からない。だから旅は好きです。椎名さんだけでなくいろいろな旅の番組があればと思います（男・大学生・二十代）。」

「シーナさんと聞いてみないわけにはいきません！　さすが！　おもしろかったです！「郷に行けば郷に従え」をちゃんと実践されてましたね。いつも本で読む旅もあんな格好でいろんなことに興味をもってズンズン突き進んでおられるのでしょうね。アンコールワットの遺跡はきっとすばらしかったでしょうね！　人々のくらしがその時代のころから少しもかわらず、今も毎日繰り返されている。不思議な気持ちになりました。（中略）人は昔からそうやって生きてきたのに今の日本は、世界はほんとうにこのままでいいのかなと考えさせられました（女・会社員・二十代）。」

旅のオーディエンスたちは、好きなタレントに仮託して画面の中の旅を楽しむとともに、自らの旅体験を重ね合わせて旅のイメージを膨らませる。そこに出現する東南アジア像が予定調和的な平和な世界であることがいささか気になるところである。旅番組のメッセージの背後にいかなるポリティクスが内包されているかを解きほぐすことも余暇＝カルチュラル・スタディーズの重要な課題に違いないが、これも今後、より精緻な分析を積み上げて行かねばならない。

余暇行動のエスノグラフィー

より具体的な余暇活動に焦点を合わせたエスノグラフィーへの挑戦はバラエティ豊かな余暇研究の課題である。テーマ例としては、パチンコ、競輪、ディズニーランド、カルチャーセンター、宴会とパーティ、歌声喫茶とカラオケ、セックス産業など、上げればきりがない。

とくにその中でも、『レジャー白書』の推計で年間三十兆円近い規模を誇り、文字通り日本の余暇の雄である「パチンコ」のカルチュラル・スタディーズ的な分析は魅力的な課題である。従来のパチンコ論はもっぱらその巨大なマーケットを紹介し、パチンコ経営の仕組みを解説し、結論として日本人の射幸性や余暇の貧しさを説いて事足れりとしていた。しかし、パチンコの愛好者がそこにどんな夢を読み取ってそれに参画しているのか（パチンコというテクストとオーディエンスの問題）、また、日本人の余暇の吸収装置としてのパチンコが果たす経済的・政治的役割（ポリティクス）は何か、という問題意識がもっと突き詰められていいはずである。

パチンコという余暇の提供者側の動きにも興味深いものがある。有限責任中間法人「余暇環境整備推進協議会」という団体があるのだが、実はこれは「パチンコ業界の社会的認知を得るため」「行政機関への政策提言活動の積極的展開を行うため」にパチンコ経営者が組織したものである。その政策提言のエッセンスは次のようなものである。「換金率95％以上と言われる換金をめぐる仕組みの不透明性と、その背景をなす制度の不備ないし解釈運用の不明朗性が指摘されるところであります。わかりやすく申せば、現実はギャンブルでありミニ大衆カジノであるのに、法制上それを認めないでいるために、『三店方式』など不条理と欺瞞に満ちた解釈運用がなされざるをえない状況にあり、その間隙に暴力団が介入したり強盗や詐欺などの犯罪がはびこる余地を与えているのであります。」これはいわばパチンコをミニ・カジノとして公認すべしという主張だが、余暇はこのように法と無法の狭間に生成する現象でもあり、「余暇をいかに制度化するか」という問題はそのまま政治の要諦である。古代の賭博禁止令以来の「余暇と賭け」の問題を他の公営競技の動態とも関わらせてエスノグラフィックに描いて見ることで日本人の「民族性」に迫ることができるかも知れない。

余暇言説のイデオロギー批判

日本の社会で余暇について語る言説に必ずと言ってよいほどつきまとっているのは「余暇善用」のイデオロギーである。余暇はすべからく善用さるべし、というのは一見当然のように思われるが、日本人の意識の底にある善用論は、余暇善用の基準を自らの論理ではなく外からの論理で規定されてしまうところに問題がある。余暇は個的な存在としての私の自由な時間ではなくて、働き手としての公的存在である自分がよりよく働くための労働力再生産の時間なのだという認識が行き渡っている。仕事がある以上は、個人の自由な時間は許されないという受け止め方は中高年層ばかりでなく若者にも浸透している。

こうした余暇善用論は、欧米の先進諸国に遅れて近代化レースに参加せざるを得なかった明治日本が富国強兵策を支える民衆教育の要諦として打ち出したものである。それ以前の江戸時代後半には、江戸を中心とした都市文化が成熟し、哲学者・九鬼周造が指摘した「いき」と言う遊所の美意識がもてはやされたように、働くことの対極にある遊ぶことの意味が一定の価値を持っていたと言える。明治政府はそうした「余暇気分」を否定し、勤倹力行をモットーに「寸暇を惜しんで働く」二宮金次郎を教育の理想像に仕立て上げた。欧米に追いつくことを目標に闇雲に働いた成果として、明治期を通じて生産力の拡大がもたらされ、大正期に至ると民衆の生活にある種の余裕が生まれ「民衆娯楽」（現在で言えばレジャー）が喧伝される。それに対して政府（内務省や文部省）や当時の識者の多くは、娯楽の取り締まりや民衆教化の必要を説き、さまざまな施策を打ち出す。これに対してひとり権田保之助のみが、民衆娯楽こそは民衆の生活の表現であり、その自由な発展こそ目指されるべきだとする「民衆娯楽論」を展開したことはよく知られている。

しかし、昭和の初年来の大不況が民衆娯楽の発展を押し止め、余暇の国家統制が次第に色濃く打ち出されるようになる。当の権田自身が「民衆娯楽」から「国民娯楽」への「転向」ないしは「後退」を余儀なくされ、太平洋戦争時になると「月月火水木金金」のスローガンに見るような余暇や娯楽の圧殺といえる政策が打ち出されるに至る。とは言え人間の生理として働きづめに働くことは不可能であり、もしそれを強行すれば生命を破壊する事態を招く。にもかかわらず二十一世紀の今日さえ「過労死」が絶えないのは、多くの勤労者が依然として労働至上（裏を返せば余暇否定）の価値観に呪縛されていることの何よりの証左である。

わが国の諸政策、とくに教育政策の言説や一般の倫理観、人生論などを分析して、そこに余暇善用のイデオロギーがどのように隠され、仕込まれているかを摘出することは余暇研究の果たすべき課題である。一例を挙げれば、最近ベストセラーになったという『「残業ゼロ」の労働力』、続編の『「残業ゼロ」の仕事力』という本がある。野放しの残業に警鐘を鳴らし、有給休暇の完全取得を主張し、リタイア後の本当の人生（著者の言い方では「本生」）に備えよという趣旨で、論理展開も分かりやすく事例も納得できる「良書」である。しかし、残業ゼロのための方策は結局のところ仕事の効率を最大限に上げ、残業しないで済む能力を身につけよというところに尽きるので、それが可能な有能な勤労者はともかく、多数の当たり前のサラリーマンには自分の無能を思い知らされ、唯々諾々と働くことを受け入れる結果になるのではないか。個人が個人であるための「抵抗原理としての余暇」に立脚しない余暇のススメは、勤労至上＝余暇善用のイデオロギーを強化する効果を持たされてしまうだろう。先ごろ政府が発表した「ワークライフ・バランス宣言」についてその批判と真の意図の追求が余暇学会の研究会で行われたことは画期的であった。イギリスやアメリカとは似て非なる日本のワークライフ・バランス施策は、余暇権の視点を欠き、結局単なる労働の勧めになってしまっているのではないかというのが研究会の結論であった。現在の新自由主義の競争原理の中で、余暇をめぐるヘゲモニー闘争の内実を明らかにし、日本の社会構造と余暇文化の布置を明確化することは余暇研究の喫緊のテーマである。

サブカルチャーとしての余暇

サブカルチャー研究はカルチュラル・スタディーズの大きな柱の一つであり、その中でも若者の対抗文化には重要な意味が与えられてきた。イギリスの労働階級の若者たちの「学校への反抗と職業への順応」を徹底したフィールドワークで追求し、カルチュラル・スタディーズの「古典」とされるのはポール・ウィリスの『ハマータウンの野郎ども』である。若者においては余暇と遊びが生活の中で占める位置は大きい。ハマータウンの若者たちの場合も、その悪ふざけぶりは堂に入っていて、ウィリスはそこにも対抗文化の現れを見ている。現在の日本社会の若者に照準を合わせた余暇研究も重要な課題であり、今年（二〇〇八年）の余暇学会大会がシンポジウムでこのテーマを取り上げたのは大きな意味があったと考える。とくに現在の不安定な雇用条件の中で若者の余暇行動のあり様を探り、それを土台にケータイ文化や音楽文化を始め、若者の生活に即した余暇文化の実相に迫ることは余暇研究者の務めと言えよう。

もう一つ別な視点として「サブカルチャーとしての高齢者」という見方もあり得る。これは社会学者の伊奈正人が指摘していることだが、「老人のサブカルチャー」の一環として深夜放送が見逃せないというのである。高齢者は若中年層に比べてテレビやラジオへの接触時間が多い。マスコミ接触は一番手軽な余暇活動になっている。そして高齢者たちは単なる受け身の視聴者から次第に能動的な受け手に進化していった。高齢者が「メディアと結び合う」状況を捉えた『ふれあいのネットワーク』という本には「ラジオ深夜便」への高齢者の参画の様子が紹介されている。この番組への投書の八割が六十歳を越える人々であり、彼らは深夜のひとりぼっちの時間の寂しさをこの番組を聴き合うことで癒している。高齢者の投書が番組の企画そのものを動かし、その人々のネットワークから新たな学習活動やボランティアが生まれているという。高齢者たちは参画するオーディエンスとして新たな文化を創造しつつあると言えるかもしれない。

実際、現在、地域の公民館の学習講座や民間のカルチャーセンターなどの生涯学習事業の顧客の多くは高齢者であり、より活動的な登山やハイキングにしても、また社交ダンスや「歌声喫茶」のような文化的な趣味活動にしても担い手は圧倒的に高齢者になってきている。高齢者のサブカルチャーはいまやメイン・カルチャーにさえも大きな影響を与えようとしているのである。また、同様に「障害者」もサブカルチャーとして見なすことが可能であり、障害者の余暇もまた、その最先端はパラリンピックのスポーツとして、また、日常的には障害者の外出や旅の拡大として、ノーマライゼーションの重要な課題になっている。障害者と一般市民との交流を広げる舞台として余暇は大きな意味を持っているのである。

おわりに——共同研究の提案

ターナーのカルチュラル・スタディーズの概念を借りて、余暇研究においてそれらの概念装置がどんな意味を持ち得るかを検討してみた。もとより上記の論考の多くは思いつきの域を出ない不十分なものである。それでも、これまでの余暇学会の研究ではなし得なかったいくつかの新しい切り口を見いだすことができたと思われる。すなわち、余暇の「テクスト」という視点を持つことにより、余暇に関わる多様な言説を読み解く可能性が広がり、単なる実態調査を越えて余暇の実相に迫り得ることが分かってきた。また、余暇のオーディエンスという切り口で余暇活動の実践者を見直すことから、余暇サービスの提供者と利用者の、単純でない相互作用を見つけだすこともできよう。さらに、これまでの余暇の各分野の事例研究をエスノグラフィーの方法によってより深化させることも展望できる。論者自身は、余暇善用論批判を一つの課題として余暇研究を行ってきたが、余暇を支配しようとする権力のあり方とそれに対抗しようとする民衆の運動との関わりを余暇の「ポリティクス」の視点で細緻に見直して見たいと考えている。総じて言えば、カルチュラル・スタディーズの方法的構えを取り込むことによって、余暇研究の新たな地平が開かれることが明らかになったと言いうる。

　ただし、この課題を追求するためには、関心を共有する余暇研究者が共同して研究を進めることが必要である。イギリスのカルチュラル・スタディーズ研究にはそのセンターとしてバーミンガム大学の現代文化研究センターが大きな役割を果したが、日本余暇学会が新たな余暇研究のセンターとして関心のある研究者を組織し、成果をまとめて研究誌の特集や単行本の刊行を行うことを期待している。

【参考・引用文献】

(1) ヨゼフ・ピーパー、稲垣良典訳『余暇―文化の基礎』エンデルレ書店、1948年
(2) 吉見俊哉編『カルチュラル・スタディーズ』講談社、2001年
(3) グレアム・ターナー、溝上由紀他訳『カルチュラル・スタディーズ入門』作品社、1999年
(4) 瀬沼克彰編『超団塊世代の余暇哲学と実践』日本地域社会研究所、2007年
(5) 阿部潔『スポーツの魅力とメディアの誘惑』世界思想社、2008年
(6) 九鬼周造『「いき」の構造』岩波書店、1930年
(7) 倉地克直『江戸文化を読む』吉川弘文館、2006年
(8) 藤島秀記『余暇善用論の系譜』日本レクリエーション協会「レクリエーションと現代」1976年所収
(9) 石川弘義編『娯楽の戦前史』東京書籍、1981年
(10) 権田保之助『民衆娯楽の基調』、「権田保之助著作集」文和書房、1923年所収
(11) 薗田碩哉『日本社会とレクリエーション運動』実践女子学園、2009年
(12) 吉越浩一郎『残業ゼロの仕事力』日本能率協会マネジメントセンター、2008年
(13) 吉越浩一郎『残業ゼロの人生力』日本能率協会マネジメントセンター、2008年
(14) ポール・ウィリス、熊沢誠他訳『ハマータウンの野郎ども』ちくま学芸文庫、1996年
(15) 阿部潔『スポーツの魅惑とメディアの誘惑』世界思想社、2008年
(16) 伊奈正人『サブカルチャーの社会学』世界思想社、1999年
(17) 大山博・須藤春夫編著『ふれあいのネットワーク　メディアと結び合う高齢者』日本放送協会出版、1997年
(18) 佐藤健二・吉見俊哉編『文化の社会学』有斐閣、2007年

余暇善用論の系譜

はじめに――「賢い余暇」への圧力

余暇を正面から語ろうとすると決まって現れる文脈がある。それは「上手な余暇の使い方」という取り上げ方である。論者は「余暇研究」を看板に出しているので、これまでも時々マスコミの取材を受けることがあった。新聞社やテレビ局から電話がかかってくるのは、決まったように五月の連休前か夏休みのころで、そして質問は判で押したように「連休（夏休み）をどうしたら上手に過ごせるか」という問いである。余暇研究者なら当然、余暇の賢い使い方に習熟しているはずだと取材記者は頭から決めているのであった。

一見、何の問題もないようなこの言説は、しかし、何ほどかの抵抗感を筆者の中に呼び起こす。余暇という問題は、賢い使い方という視点でしか取り上げられないものだろうか。現実に賢ならざる余暇が蔓延しているようだし、しかも、そちらの方が多くの人々を惹きつけているようにも思われる。また、そもそもわれわれに善用すべき十分な余暇が与えられているのか。善用以前に、余暇時間の確保こそが問われなければならないのではないか。また、質問者は「余暇は個人的な問題」ということを当然の前提にしているが、余暇が社会生活と関わって、さまざまな働きをする面を無視していないか。こうした疑問が頭をよぎりながら、それでもまずは乏しい余暇の活用策をひねり出して回答に及ぶ、ということを繰り返してきたのが実情である。

この発想の根っこは案外と深い。余暇はすべからく善用さるべし、という言説は、余暇の物語の通奏低音と言ってもよいだろう。「小人閑居して不善をなす」という『大学』の一文は、二千年の時を超えてわれわれの日常に浸透している。余暇は放っておくと悪や退廃に傾くものだから、これを上手に活用して善きものを生み出すように努めるのが人間のあるべき姿勢と考えられてきた。こうした「常識」を取りあえず「余暇善用論」と名づけてみよう。そして、この考え方がいつから、どのように成立したのか、その系譜をさかのぼってみたい。また、余暇善用論は万人が認める当然の理論のような顔をしながら、余暇に関わって何事かを隠蔽したり、抑圧したりしているのではないか、という疑いも俎上に上げてみたい。そこに民衆の余暇を安全に管理したいという支配者の論理が忍び込んでいることは容易に想像できる。他方でよりよい余暇を（つまりはゆとりある生活を）得たいという人々の願望も投影されているのであろう。余暇善用論を俗流マルクス主義風に単純に民衆支配のイデオロギーと決めつけるわけではないが、「賢い余暇」という言説を、さまざまな視点から眺め返して見ることから、われわれの余暇の置かれた状況をより明瞭に把握することができるかも知れない。その時、スチュアート・ホールの次の言葉が導きの糸になるだろう。

「私たちにとって必要なのは、イデオロギー支配を、諸個人が持っているあからさまで意図的なバイアスと見なすよりも、複雑な関係性のシステムの属性であると考えることであり、支配についての適切な概念を理論的に構築するよりも、言語や言説をとおして機能している規制と排除の働きそのもののイデオロギー作用を認識することである(1)。」

1　余暇善用論の源流——近代化の入口で

古くからある小学校には、薪を背負い本を読みながら歩く二宮金次郎の石像を今でもよく見かける。明治以来の道徳教育のシンボルに奉られた金次郎は、孝行・勤勉・学問・自営という四つの徳目を体現する人物とされてきた。明治維新以来、西欧をキャッチアップすべく富国強兵路線を驀進した日本社会は、西欧のプロテスタンティズムに代わる勤勉のイデオロギーを必要としていた。明治政府は、教育現場で子どもたちが目指すべき理想像として二宮金次郎を選び出し、彼を子どもたちの「手本」に祭り上げて脚光をあびせた。金次郎は一九〇〇（明治三十三）年の検定教科書「修身教典」に登場したのが始まりで、一九〇四（明治三十七）年に制定された最初の「尋常小学修身書」にその逸話が詳しく紹介された。合わせて一九〇二（明治三十五）年の幼年唱歌に登場、一九一一（明治四十四）年の「尋常小学唱歌（第二学年用）」には次のような歌詞が収められた。

一　柴（しば）刈り縄ない　草鞋（わらじ）をつくり
　親の手を助（す）け　弟（おとと）を世話し
　兄弟仲よく　孝行つくす
　手本は二宮金次郎

二　骨身を惜（おし）まず　仕事をはげみ
　夜なべ済まして　手習い読書
　せわしい中にも　撓（たゆ）まず学ぶ
　手本は二宮金次郎

三　家業大事に　費（ついえ）をはぶき

少しの物をも　粗末にせずに
遂には身を立て　人をもすくう
手本は二宮金次郎(2)

一番ではまずは「孝行」が説かれ、二番では「勤勉」と「学問」、そして三番は「自営」や「立身出世」が強調され、明治国家の人民の追求すべき徳目が勢揃いしている。この唱歌は戦前に教育を受けた人々に深く浸透して、だれでも歌える歌の一つだった。論者が、いまでは若い世代はもちろん、敗戦前後に生まれた同世代でもほとんど知らないこの歌を歌えるのは、明治生まれの祖母の薫陶のおかげである。祖母は群馬の農村の没落した旧家の娘で、学歴は当時まだ四年制だった小学校だけだった。漢字はあまり書けなかったが、しかし、この歌はしっかりと覚えていて、愛する孫にまで教え込んだのである。二宮金次郎は明治期には明治天皇に次いで知名度の高い日本人だったと言われるが、そこまで人口に膾炙するについて、この唱歌の果たした役割は小さくない。そしてこの歌は「寸暇を惜しんで働くこと」が尊いことだという強烈なメッセージを日本中の子どもたちに吹き込んだ。時代は変わって金次郎は教科書からも唱歌の世界からも姿を消してしまったが、金次郎精神そのものは戦後の社会にもしぶとく生き残っていると見たいが、それについては後述する。

一つ付け加えておくと、金次郎の歌は忘れられても、同じ年に刊行された「尋常小学唱歌」に載っている次のような歌は今でも歌い継がれているという事実は興味深い。それは「かたつむり」（第一学年用）、「春の小川」（第四学年用）、「故郷」（第六学年用）、「朧月夜」（第六学年用）などである。勤労道徳は変わっても日本の自然は変わらないということなのである。もっとも近年では、これらの日本的原風景もだいぶん怪しくなって、これらの歌も早晩消え去る運命にあるのかも知れない。

二宮金次郎が体現する「勤倹力行」の精神をイデオロギー面で支えたのは「小人閑居して不善をなす」という儒教道徳である。この一句は『大学』に見られ、「凡人というものは暇でいるとロクなことをしない（悪いことをしがちである）、そうならないように時を惜しんで働くべし」という意味で使われてきた。これまた論語のあれこれの句に並んでよく知られた警句である。二宮金次郎と「大学」がセットになって、明治期以来の日本人の勤労聖化（したがって余暇蔑視）の姿勢を作り上げてきたと言えよう。

ただし、「小人閑居」の句の解釈には異説があって、「閑居」とは「ヒマな時」ではなく「間居」または「閒居」とも書き、朱子の注によると「独りでいること」だという。「小人は閒居して不善を為し至らざる所無し。君子を見て然る後に厭然として其の不善をおおい、其の善を著さんとす」云々とあって（朱子註）、一人でいると誰も見ていないと思って悪事を働くのが小人の常だという。君子は従って一人でいないようにするのがよろしいというわけである。衆人環視のもとでは悪いことはできないという論は「公共性」というものの一面を表していて、これはまた一考に値しよう。

「小人閑居」の解釈はあるいはこれが正しいかも知れず、われわれの常識は「大学」の読み間違いかも知れないが、この一句が「余暇否定」のスローガンとして使われてきたことは紛れもない事実である。そしてそれは敗戦後の社会の大転換の中でも揺らぐことはなかった。戦前の「余暇善用」を国民運動として展開した「日本厚生協会」は、戦後は改組されて「日本レクリエーション協会」と看板を書き換えたが、その定款にある「国民が余暇を善用して……」という文言は変わらず、ただその目的が「国家のために心身を錬磨する」ことから「民主社会の建設」に転換されたのみである。このことに象徴されるように、余暇とは本来あってはならない空白であって、それは何ほどか有用なものに変換されなくてはならないという大原則は国家体制を超えて貫徹している。一九六〇年代の高度成長期には、日本人の勤労精神はいやが上にも盛り上がりを見せ、労働生産性の向上分（これは労働時間の短縮＝余暇拡大に振り向けることができる）のほとんどをさらなる生産拡大に向けて投入し、十年ほどの間に所得倍増どころか三倍増（名目）を成し遂げ、豊かな社会を招来させた。オイルショックで経済成長に陰りが見えたものの「省力・省エネ・省資源」でこれを突破し、世界に冠たる経済大国日本を実現させた。これこそ二宮金次郎精神でなくて何であろう。「骨身を惜しまず仕事をはげみ、夜なべ済まして手習い読書」に打ち込み、「家業大事に費をはぶき」、たゆまず努力した結果がこの成功を勝ち得たのである。少し前の栄養ドリンクのキャッチコピーに「二十四時間戦えますか」というのがあったが、これも金次郎の歌の変奏に違いない。かくして二宮金次郎は死なず、代わりにわれわれの余暇は息の根を止められたまま、二十世紀は終わりを迎えてしまったのである。

2　労働の侍女としての余暇——産業社会の発展とともに

「余暇善用」は初等教育の中に根を下ろして、国民道徳の柱の一つとなるのだが、その背景にあるのは、近代化の過程で避けて通ることのできなかった資本の原始的蓄積の要請である。明治期の産業資本の形成はまずは紡績業に始まり、明治十六年には蒸気機関を利用した大工場が建設され、生産量が飛躍的に増大した。日清戦争以後は中国・朝鮮への輸出が伸びてさらに大きく発展し、明治三十年には輸出量が輸入量を上回るまでになった。やがて日露戦争を経て、鉄鋼・電力・化学などの重工業が発展を遂げていくことになる。

明治から大正にかけての日本資本主義の発展は過酷な長時間労働に支えられていた。織維産業の発展は紡績女工たちの昼夜休みのない長時間労働と低賃金なくしては成り立たなかったであろう。当時、紡績工場の労働時間は昼勤が朝の六時から夕方の六時まで、夜勤が夕方の六時から朝の六時まで二交代十二時間というのが一般的であった。当時の規定でも十時間という制限が課されていたが、実際には十二時間、甚だしい場合は十五時間、時には十八時間もの長期労働が実際には行われていた。女工たちは割増賃金に励まされて、この過酷な労働に耐えたのである。しかし、一日二十四時間のうちの十五時間を労働に消費すればあと残りは九時間。睡眠に少なくとも六〜七時間を要するとすれば、自分の時間と言えるのはほんの一〜二時間しかなかった。まさに横山源之助や細井和喜蔵が告発した日本の下層社会の「工業奴隷」の毎日が女工たちの生活の実態であった。

こうした状況に対する改善の努力は全くなかったわけではない。長時間労働の非人間性は識者の批判を浴び、また、健康を害することの非合理性も認識されるようになって労働時間の規制が進む。とくに鐘紡・倉敷紡績などの大会社では、経営者の方針もあって労働者福祉の施策が少しずつ芽生えていった。例えば鐘紡においては、女工の健康管理を目的として、当時としては画期的ともいえる健康安全対策が行われた。娯楽室などの休憩設備を設置したり、気候の厳しい冬季夏季における休憩時間の延長策、また、社内診療所の設置などが行われた。当時すでに労働と疲労の関係が科学的に研究されていたことは注目に値する。こうした政策は「経営家族主義」と呼ばれ、会社をあたかも大きな家族のように考える温情的な労務政策であった。鐘紡の社長であった武藤山治はこう言っている。「要するに、我社は上は重役より下は職工に至るまで総べて一つの大なる家族と見做し、親の子に対する愛情を以て職工を待遇している。こういう温情は何時かは人心に反響を来さなければ止まぬのである。」

経営家族主義のもと、余暇については「余暇善導」という考え方が打ち出されている。例えば武藤山治は、余暇について大要次のような考えを打ち出している。「工場内の労働時間管理は労働能率を上げるために最善の注意を払っているが、余暇や休暇についてはまだ研究が不十分である。余暇や休暇を愉快に過ごすことができ、かつ充分な睡眠を取るならば当然労働能率は向上する。いかにすれば余暇や休暇が労働能率に良い影響を与えうるか研究する必要がある。長時間労働すれば娯楽が必要なことは当然だが、夜遅くまで夜遊びすれば翌日の仕事に差し支える場合もある。能率の向上という見地から見た最上の余暇指導を労働者に対して行う必要がある(3)。」

明治・大正期の開明的経営者は、労働者に一定の余暇を与えることの必要を感じていた。そのために労働時間の制限もある程度までは受け入れた。ところが大正八年（一九一九年）結成されたＩＬＯ（国際労働機関、日本も当初から加盟）は一日八時間労働をもって世界標準とした。当時の日本の工場法は、女子と年少者に限って労働時間を一日十一時間に制限するという微温的なもので、とてもこの基準を受け入れることができなかった。日本は後進国であることを理由に、八時間制を規定したＩＬＯ１号条約の批准を先延ばしにする。それでも大正十四年公布の「改正工場法」では、女子の深夜業は全面的に禁止されることになり（ただし実施は昭和四年から）、余暇創出への努力は少しずつ前進していった。

とはいうものの、こうして生み出された余暇は手放しで労働者に与えられたわけではなく、その余暇の過ごし方について「仕事に差し支えないように楽しむ」という強い要請が伴っていた。余暇は余暇善導という条件のもとで承認されていたにすぎず、健康的で教養志向の「望ましい余暇」へ誘導された。紡績工場では女工たちの余暇善導プログラムとして教養講座や稽古ごとの教室が開かれ、女工たちも喜んでそうしたプログラムに参加した。

せっかく進みかけた労働時間規制に冷水を浴びせたのは、資本主義体制の矛盾が噴出した一九二九年に始まる大恐慌の発生である。産業は崩壊し、巷には失業者が溢れた。失業は一面から見れば「余暇」に違いないが、これは労働というパートナーを欠いた、あってはならない余暇である。政府は失業者の救済のための策を講ずる必要に迫られた。アメリカはニューディールの名の下に政府主導の産業政策を展開し、日本は中国大陸へ侵略政策を進めたのは周知のことである。余暇善導は企業レベルから国家レベルへ拡大され、一九三〇年代には国民の潜在力を上げて国力増強に動員する「体制の総合的な余暇利用」策としてのレクリエーション運動が産み出された。ドイツはＫｄＦ（歓喜力行）運動のもと、スポーツや文化活動、さらには大衆的な旅行事業を展開し、イタリアではファシスト党がドポ・ラボーロ（労働の後）運動を進めて、地域の文化・スポーツクラブの育成に努めた。日本でも「国民精神総動員法」と気脈を合わせて厚生運動（厚生はレクリエーションに当てられた訳語）が国の主導で組織され、銃後の国民の気力と体力づくりに邁進する。しかし、戦争が激しくなると、日本の厚生運動はかけ声だけの精神運動に傾斜し、欧米のような大規模な余暇善用プログラムを展開することはできなかった。それどころか、無理な戦争政策のもとで窮地に立った日本は、詰まるところ余暇の圧殺（月月火水木金金の休日無し政策）に至り、工業奴隷の昔に逆戻りしてしまう。

戦後になって厚生運動がアメリカ化してレクリエーション運動になったことは先述した。そして企業における余暇善導の考え方は、戦前から戦後を貫いて労務管理の基調となっていた。一九六〇年代の高度成長期には職場レクリエーションが活発に行われたが、これは当時のオートメーション化が進む工場の単調な労働に伴う人間疎外対策として導入されたものである。企業は休み時間のスポーツ活動や週末の余暇を活用した集団型のレクリエーションを奨励して、若い勤労者が職場に馴染み、人間関係を深められるように配慮した。余暇をそのままに放置すれば消費的なレジャー活動や刹那的な娯楽に若者たちが吸い寄せられ、夜遊びをして翌日の労働にマイナスの影響を与えることを恐れたのである。これは、大正期の紡績工場となんら異なることのない余暇善用の発想と言うべきだろう。

戦後の職場レクリエーションにはもう一つ、組合対策あるいは左翼対策という政治的な一面があったことを忘れるべきではない。ここには余暇が労働者の自己表現の場となり、支配的な余暇文化と対抗しうることが見て取れる。企業の推奨する余暇と労働者が求める余暇が衝突し、余暇におけるイデオロギー論争が巻き起こったのである。

3　民衆を解放する余暇——余暇と労働運動

労働者にとって余暇とは、経営者の善導の要請より以前に、自分自身を資本のくびきから解放して人間らしい生活を獲得する基盤となるという点に求められる。余暇を獲得し、それを自らの意志のもとに思いのままに「善導」することこそ、労働者の求めたことに他ならない。過酷な長時間労働が一般的だった資本主義の勃興期以来、労働時間短縮への戦いは奪われた人間性の回復を求める闘争だった。労働運動がそのスタート時以来、労働条件の改善要求の根本に労働時間制限＝余暇の獲得を掲げたのは当然のことであろう。五月一日のメーデーの起源が一八八六年、アメリカのシカゴにおける労働時間短縮闘争にあることは必ずしもよく知られてはいない。シカゴの労働者たちは「八時間の労働、八時間の休息、八時間の教育」の要求を掲げて大きなデモを組織し、激しい弾圧に直面した。八時間労働制はその後三十年もの歳月を経て、一九一九年のＩＬＯ第一号条約としてやっとのことで結実する。余暇獲得は労働者の自由への長い戦いの成果に他ならない。

余暇が民衆の自由と自己表現の可能性を秘めるものであることを、先駆的に主張したのは大正期の娯楽研究者・権田保之助である。権田の用語は余暇ではなく「民衆娯楽」であるが、彼は大正中期から末期にかけての民衆娯楽拡大の風潮を民衆生活の自立という方向でとらえた。権田は「民衆は其の実生活の圏内に、其の実生活の論理の延長の上に娯楽を建設せんとしつつある」と述べて、民衆娯楽の拡大が民衆の自立的な文化創造の土台になると指摘している。当時、隆盛をきわめた活動写真を、権田は民衆が其の生活の間から生み出した民衆文化として捉え、その自立的な発展に期待を寄せた。民衆娯楽の発展こそは、民衆が自らの存在を確認し、体制側からの余暇善導を跳ね返して民衆固有の文化を作ることに通ずるというのが権田の主張である。

権田は、娯楽が「人間生活の根本義から脱線した退廃的な位置産物で、それ無くしても人生を考え得ることができ、否、寧ろそれ無き方が人生の真が考え得る」という定説を否定して、娯楽の独自の価値を以下のように説いている。「人間には『生命維持の欲求』と並んで、

『生活美化の欲求』があり、後者から導かれる『享楽生活的態度』は人間本然の欲求から生れ出るものとして、他の生活態度と同様に尊重されなければならない。娯楽は、其の活動それ自身のために意味がある自目的な活動で、結果ではなくその過程に価値がある。」というのである。権田は娯楽を手段的・機能的にみる考え方を否定し、生活そのものを楽しむことを積極的に評価した。これは、大正期の日本社会の一定のゆとりを背景に、民衆の享楽志向をその生活の自由と自立に結び付けて定式化したものということができる。

余暇善用論を否定して余暇（娯楽）の自立を図る思想は、しかしその後の歴史の展開の中では力を得ることができなかった。時代は昭和初期の不況をきっかけに、ファシズムと戦争へ向かって傾斜していく。前述のように、国民の余暇を総動員して国家のために献納する、より徹底した体制的余暇善用論であるレクリエーション運動（厚生運動）が世界的な規模で展開され、日本では国民精神総動員運動のなかに余暇も包摂されていく。権田自身がこうした時代の風潮に押されて、民衆娯楽の看板を下ろし「国民娯楽」を掲げることになってしまう。彼が余暇論における「転向」を行わざるを得なかったことに、余暇善用の強烈な圧力を感じざるを得ない(4)。

第二次大戦の敗戦により旧体制は崩壊して、自由と民主主義が戦後社会の目標として高く掲げられた。余暇を人間解放の時間ととらえる視点も戦後華々しく復活する。労働組合は団結権を獲得して瞬く間に全国に広がるが、時を同じくして、労働者の文化運動も活発になる。敗戦による荒廃した社会の中で、生活そのものの再建が最重要の課題であり、従って余暇という意識も未成熟のままではあったが、人々はささやかな余暇時間を基盤に、音楽、演劇、映画、文学などの文化運動を活発に展開した。昭和二十年代に燎原の火のように全国に広がったサークル運動は、まさしく民衆的余暇の組織化であり、その内容は民衆的心情の表現であった。各地の職場には演劇サークルが作られて、民主主義を基調としながら職場の諸問題を取り上げたさまざまな劇が演じられた。文学サークルは人間の連帯と解放をテーマとする詩や小説を生産し続けた。労音運動はクラシックのコンサートを民衆の手の届くところに引き寄せたし、うたごえ運動はロシア民謡やロシアや中国で新しく作られた労働歌を職場や地域の集会で歌って若者たちの心をとらえた。こうした戦後の文化運動の隆盛を権田保之助がかつて唱えた「民衆の生活表現としての余暇」に繋げてみることはあながち不当な見方ではないであろう。

一九六〇年代の高度成長期には、企業側の余暇善用策であるレクリエーション運動が強力に展開されたことを述べたが、これに対抗する組合側からの余暇とレクリエーションの闘争が活発になったことにも注目すべきであろう。余暇を経営者の管理から奪い返し、組合による余暇の組織化をはかるべく組合は多様な余暇活動を展開した。労音やうたごえのサークルは、企業のお仕着せのレクリエーション活動に取り込まれようとする若者たちに積極的にオルグ活動を行った。共産党系の青年組織である民青（民主青年同盟）の組織方針が「歌って踊って恋をして」だと揶揄されたように、左翼は若者たちの余暇（遊び）志向と連帯志向を重ね合わせて、組織の拡大に結びつけようとした。従業員のレクリエーションを企業と組合のどちらが獲得することができるかというせめぎ合いが全国の工場やオフィスで激しく闘われたのであった(5)。

ここで注意すべきことは、組合側が組織したレクリエーション運動の中には、確かに企業から余暇の自由と自立を獲得するという理念が踏まえられていたとはいえ、他面、組合の組織や活動を強化するために労働者の余暇を利用あるいは善導するという視点が紛れ込んでいたことも否定することができない。余暇を集団化して組織に取り込むという余暇善用路線は企業側にも組合側にも共有されていたのである。余暇の手段化(余暇のイデオロギー利用)という点では両者は通底している。それだけ余暇善用のイデオロギーは深いレベルでわれわれの生活を規定してきたといえるであろう。

余暇の持つ自由と解放のエートスは、むしろ当時の若者たちの体制離脱的な行動にこそ表現されていたと見るべきかもしれない。一九六〇年代から活発になるヒッピーの運動は労働中心の価値観への異議の申し立てであり、自由に気ままに暮らすことの全面的な肯定であった。ヒッピーたちはネクタイを締めてオフィスに通うことを拒んで、都会を離れ、国から脱出し、世界のあらゆる場所を放浪して人と人との生身の関わりを求めた。彼らにとって労働は生活の資を稼ぐための手段に過ぎず、生きることの真の目的は余暇という自由のうちにこそある、ととらえられていた。ヒッピーこそは権田の言う「生活美化」の欲求をそのまま生きようとした人たちと見ることができるかも知れない。

4　余暇の個人化と生涯学習論——余暇の非政治化

西欧社会と違って日本の社会は、経済の高度成長を余暇の拡大に結びつけることができなかった。西欧では一九七〇年代以来、労働時間の短縮が着実に進み、長期休暇も確立して余暇社会への「離陸」が行われたが、二宮金次郎に呪縛された日本社会は、七〇年代に芽生えた余暇生活重視の傾向（例えば中央・地方に余暇行政が誕生したこと）を発展させられなかった。オイルショック後の低成長を省力路線で乗り切って「経済大国」に躍進した八〇年代には、リゾート法が作られて再び余暇に脚光が浴びせられるかに見えたが、余暇の実態が脆弱な中でのリゾート開発は、結局土地への投機の一形態に過ぎず、バブルとともにあえなく崩壊した。

しかし、二十世紀末の日本社会は全く別種の余暇問題に遭遇した。高齢社会の到来である。栄養の改善と高水準の保健衛生と医療に支えられて寿命の伸びは著しく、高齢化率は上昇して二十世紀末には西欧の水準に追いつき、二十一世紀に入ると世界でも先端的な超高齢社会を実現した。それを可能にした下部構造は経済の着実な発展に違いないのだが、欧米社会がその成果を労働時間の削減という形で現役の勤労者に配分したのに対して、日本社会は勤労者には相変わらずの長時間労働を強いたまま、経済的ゆとりを長寿に置き換えてリタイア後の世代に配分したと見ることができる。しかし、そのことは後述するように大きな歪みを日本社会にもたらした。

高齢世代は否応なく労働から離脱した「レジャー・クラス」とならざるを得ない。壮年時代には余暇に乏しかった日本の勤労者も、ひとたびリタイアすれば「余暇の大海」に投げ出される。余暇への構えも余暇能力の開発も不十分な定年族は、与えられた余暇という資源の活用策に、生きる課題として取り組まざるを得ない。そこで登場するのが「生涯学習」というプログラムである。働くことに無上の生きがいを見いだしていた人々がリタイア後の喪失感から逃れるためには、手応えのある趣味や学習を見つけ出して生きる支えとするに如くはない。フランスの社会学者デュマズディエの提唱した余暇の三機能（休養―気晴らし―自己開発）は広く知られているが、もはや労働の疲れを癒す休養や気晴らしを必要としない高齢者は、余暇の最後の段階である「自己開発」に賭けるしかない。余暇善用論の呪縛は高齢世代にはもちろん浸透していて、無為なる暇に陥ることを誰もが怖れている。自己開発を目指す生涯学習が注目されるのは必然であった。

日本社会に「生涯学習」という用語が登場するのは一九八〇年代からであり、社会の高齢化と軌を一にしている。一般的には生涯学習論は高齢化に対応すると言うよりも、学校教育と社会教育を含めた教育再編という文脈の中で登場してきたと見られている。その契機となったのは学校五日制の導入とそれに伴って学校をスリム化する「ゆとり教育」の推進であった。そしてその背景に日米経済摩擦の一トピックであった日本人の長時間労働の解消という経済界の要請があったことは見逃せない。欧米に比べて大きな後れを取った週休二日制の拡大策が模索され、官庁から銀行へと土日休みが広がって行き、学校もまたその一環に組み込まれたのである。さらに経済界は、グローバル化が進む経済戦争に勝ち抜く人材養成のために、高等教育への予算配分を増やすことを要求した。そのあおりを食らった初等・中等教育は「再編」を余儀なくされ、学校に傾斜しすぎた青少年教育の責任を地域や家庭にも分担させようとした。学校だけが学習の場ではなく、子どもや若者だけが学習者ではないという、学習の空間的・時間的拡大を目指す生涯学習論は、そうした要請によく応えうる格好の理論であった。

一九八一年に中央教育審議会が「生涯学習」について初めての提言を出して、高等教育機関の開放をうたい、八四年には臨時教育審議会が「第三の教育改革」を旗印として、学校教育・社会教育・家庭教育を総合した「生涯学習体系への移行」を基本方針として打ち出す。これらを踏まえて九十年には「生涯学習振興法」が制定されて「生涯学習」は法律用語に昇格する。以来、生涯学習事業は従来の社会教育を乗り越えて自治体の重要課題に位置づけられ、それまでの公民館に代わる「生涯学習センター」のような施設が増えていく。かつての社会教育事業は教育委員会が所管して細々と行われていたが、新手の生涯学習事業は自治体の首長部局が直轄するという方式が登場し、市民の文化・スポーツ・学習事業が多彩に展開されるようになってきた。七〇年代の余暇行政は雲散霧消したが、ここに改めてコミュニティの余暇開発が行政課題として再登場してきているのである（ただし、「余暇」という用語は避けられている）[6]。

さて、現今の生涯学習の現場を覗いてみると、それが圧倒的に高齢者によって支えられているということが見て取れる。旧来の公民館から新しい生涯学習センターまで、あるいは「市民大学」のような自治体のサポートする講座や「カルチャーセンター」のような民間の教育事業も、その顧客の主要部分は高齢者なのである。生涯学習振興は高齢者の余暇対策としては十分成功を収めている。しかし、第三の教育改革が目指したはずの学校と地域の連携、さらには融合というような事態は進展していない。学校のクラブ活動が地域に移されて活発に展開されている様子も見受けられない、それもそのはず、地域で文化やスポーツなど生涯学習を担うはずの現役世代は、深夜帰宅で休日も返上というような働き方から脱却できず、コミュニティに投ずべき時間的なゆとりを持ちようがないからである。他方、学校は不登校やいじめを克服できず、予算配分を減らされて多忙に追いまくられる教師集団は、これに十分に対処できず悲鳴を上げている。揚げ句の果てに学力低下を指摘された教育当局は「ゆとり教育」を否定し、学校五日制さえ見直しかねない情況である。

高齢世代の生涯学習は順風満帆と言ってよいのだろうか。日本的生涯学習の特徴をあげるなら、その個人志向と商業主義的な展開を指摘しなくてはならない。学習はきわめて趣味的に選択され、華道、茶道のような伝統的遊芸から欧米仕込みの新しいアートや音楽、スポーツやレクリエーションまでバラエティは豊かだが、社会的な問題を取り上げ、その解決策を探るような志向は乏しい。講座の企画は「ニーズを踏まえて」立てられるが、民間はもとより公共がサポートするものも、人気が唯一の指標となる採算重視の運営が追求されている。人の集まりそうのない厄介な社会問題は慎重に回避され、余暇の非政治化=個人の領域への囲い込みが進んでいると言うこともできよう。余暇は「自己開発」の可能性を持つものとして称揚されるが、自己の中に自閉して沈思黙考したところで、実は何も生まれては来ないという事実が隠蔽されている。自己とは他者との関わりの中ではじめて一つの意味を獲得するような「関係性」の中にある存在である。生涯学習論が学校中心の教育からの脱皮を説いたのは、生涯学習の中に本来、社会的な問題解決への強い関心があるからなのである。日本の現実の生涯学習施策は、高齢者の膨大な余暇の可能性を穏便な趣味と教養に流し込もうという傾向が強かったように思われる。生涯学習の範疇から余暇の社会性に注目したボランティア活動やＮＰＯへの関心が芽生えるのは、ようやく二十一世紀に入ってのことである。

おわりに——余暇の公共性の発見

明治期以来の近代化過程の中で産み出された「余暇善用論」は、余暇という自由への志向を人間の善悪のモノサシで押さえつけ日本人の余暇生活を呪縛し続けてきた。現在でもある年代から上の世代は、いまだに余暇をあってはならないものと観念してさえいるのである。これはいわば「余暇善用論」の古層である。だが、大正期以来の産業社会の進展による余暇の大衆化が、民衆の手による自発的な余暇開発を促し、「楽しく、面白い」余暇の正当性を次第に拡大して戦後のレジャーブームに行き着く。余暇もまた産業の一つのフィールドであり、その振興は経済の発展に資するとなれば、産業政策としての「余暇善用」が意味を持つようになる。他方、余暇を消費する大衆の側からすれば、賢い余暇消費を目指す「余暇善用」のアイデアが求められる。これを個人志向で快楽主義的な新しいタイプの余暇善用論の登場と見てもよいだろう。

現在の日本社会が直面している余暇の先端的な課題は、余暇が市民の社会的関心や政治的な意識を解放し、高め、発展させる基盤でもあることを主張することである。余暇と政治というと、経営者と労働組合がレクリエーション活動を取り合った「余暇の政治利用」が頭に浮かぶが、現在では会社（組合）のために個人の余暇を進んで提供するという人は珍しいだろう。それでも、余暇は個人の可能性を高めるという言説のみが強調され、余暇が人々の新たな関係性を養うという余暇の社会性への注目ははなはだ乏しい。余暇善用論を今日的な観点から見直すとすれば、余暇の個人化への圧力を跳ね返し、その公共性・政治性を認識することから出発しなくてはならない。そこに二宮金次郎と決別した第三の余暇善用論の可能性が見えてくる。

【補注】

（１）ここに引いた文章は、グレアム・ターナーが『カルチュラル・スタディーズ入門』（溝上由紀他訳 作品社、１９９９年）の中でスチュアート・ホールの「イデオロギーの再発見」という論文から引用しているものである（同書p263）。ターナーのこの著作は、２００８年の日本余暇学会最初の「カルチュラル・スタディーズ勉強会」で輪読した本である。

（２）ここに掲げたのは明治44年6月刊の『尋常小学唱歌（二）』の歌詞である（堀内敬三・井上武士編『日本唱歌集』岩波文庫、１９５８年）。しかし、金次郎を取り上げた唱歌はすでに明治35年刊の『幼年唱歌（四の下）』に見られる。タイトルは「二宮尊徳」で作詞は桑田春風。一番は「あしたに起きて、山に芝刈り／草鞋つくりて、夜は更くるまで／路ゆくひまも、書《ふみ》を放たず／あわれ、いじらし、この子、誰が子ぞ」となっている（同上）。金次郎のイメージがどのように作られ、立身出世のイデオロギーを体現する人物に仕立てられて行ったのかという過程は、岩井茂樹『日本人の肖像 二宮金次郎』角川叢書、２０１０年に詳しい。

（３）経営家族主義の成立の事情、紡績女工に対する余暇管理の実態は、藤島秀記「余暇思想の流れ」（日本レクリエーション協会編『レクリエーションと現代』不昧堂出版、１９７６年所収）の論考を参考にした。

（４）権田保之助は、民衆娯楽から国民娯楽へ「転向」したと後世の研究者から批判されるが、彼が娯楽の「大衆性」に最後までこだわり、統制の限界を指摘していたことは忘れられてはならない（薗田「民衆娯楽と国民娯楽―権田保之助論」薗田碩哉『遊びの構造論』不昧堂出版、１９８３年所収）。また、民衆娯楽―国民娯楽という対比は、戦後のレジャー―レクリエーションという対比に持ち越されている。

（５）１９６０年代から70年代にかけて活発に展開された音楽鑑賞運動も、経営者側と労働組合の側の「余暇組織化」の激しい闘いの場となった。共産党の活動家が浸透して体制変革的なメッセージを含んだ音楽活動に力を入れる「労音」に対抗して、経営者側は「音協」を組織して、より芸術至上主義的なステージづくりを行った。さらには創価学会系と目された「民音」も活動した。

（６）戦前の教化主義的な「社会教育」は戦後に大きく転換されて、地域の民主化を担うことを目標にした新生「社会教育」が活発に展開される。その中心が「公民館」であった。１９８０年代以降の「生涯学習」振興策には、その社会教育の「戦後民主主義」的な硬直性を批判する傾向が認められる。余暇の領域で考えると、社会教育の「レクリエーション」性に対して、生涯学習は「レジャー」性（個別性志向で快楽主義的）を対置しているという図式になろうか。

【参考文献】

（1）石川弘義監修『余暇・娯楽基礎文献集／解説』大空社、１９９０年
（2）井上俊 他編『仕事と遊びの社会学』岩波書店、１９９５年
（3）大堀孝雄編著『レクリエーション　仲間づくりへむけて』学習の友社、１９７９年
（4）桜井哲夫『「近代」の意味―制度としての学校・工場』ＮＨＫブックス、１９８４年
（5）末本誠・松田武雄編著『生涯学習と地域社会教育』春風社、２００４年
（6）薗田碩哉・永野俊雄『新・生涯学習論』ヘルスシステム研究所、２００２年
（7）薗田碩哉『日本社会とレクリエーション運動』実践女子学園、２００９年
（8）デ・グラツィア、森川貞夫他訳『柔らかいファシズム　イタリア・ファシズムと余暇の組織化』有斐閣選書、１９８９年
（9）日本レクリエーション協会編『レクリエーション運動の五十年』１９９８年
（10）吉見俊哉編『知の教科書　カルチュラル・スタディーズ』、講談社、２００１年
（11）労働法令協会『職場レクリエーションの実際』１９６５年

【初出一覧】

序　章

余暇という希望　『実践女子短大紀要』33号　２０１２年

第1章

時間の経済学　ライフビジョン学会『あかでめいあ』17号　２０１０年

仕事と余暇のダブル・レール　日本レクリエーション協会『余暇生活開発士JUNCTION』58号　２００７年3月

労働と余暇の新しい関係　ライフビジョン学会『あかでめいあ』19号　２０１２年

第2章

つながる社会、助けあう地域　講演記録　２０１１年9月

余暇と新しい公共　日本余暇学会『余暇学研究』15号　２０１２年

第3章

余暇という福祉資源　原題「福祉文化活動の役割：余暇と遊びを通して」日本福祉文化学会編集委員会『福祉文化とは何か』明石書店　２０１０年

認知症をどう生きるか　ライフビジョン学会『あかでめいあ』15号　２００８年
福祉レクリエーションの質的転換　原題「福祉現場におけるレクリエーション再定義の試み」日本福祉文化学会『福祉文化研究』17号　２００８年
自立生活支援と余暇の活用　全国障害者総合福祉センター『戸山サンライズ情報』　２００７年４・５月号

第４章

教育資源としての余暇　日本更生保護協会『更生保護』２００３年9月号
幼少年期の遊びと自然体験　原題「幼少年期の自然体験の意義とその回復策について」『実践女子短大紀要』29号　２００８年
三遊人鶏卵問答～レジャー・レクリエーションとスポーツを巡って　日本体育大学大学院稲垣研究室紀要『IPHIGENEIA』８号　２００７年

第５章

カルチュラル・スタディーズとしての余暇研究　日本余暇学会『余暇学研究』12号　２００９年
余暇善用論の系譜―余暇とイデオロギー　日本余暇学会余暇学再編プロジェクト編『レジャー・スタディーズ』２０１０年

あとがき

今年（2012年）の三月に実践女子短大生活福祉学科を退職した。学科が廃されたのを機に自由人の仲間入りをすることにした。四十六年にわたる職業生活は、前段の三十年が財団法人日本レクリエーション協会のスタッフ、後段は女子短大で「余暇論・遊戯論」を教えていた。つまりは「余暇と遊び」を飯の種にずっと仕事をしてきたわけで、七十歳を目前にしてやっと「余暇と遊び」が文字通り余暇になったことになる。

本書に集めた文章は、主としてこの五、六年の間に日本余暇学会の『余暇学研究』、ライフビジョン学会の『あかでめいあ』、日本福祉文化学会の研究誌や単行本、勤務校の紀要などに余暇やレクリエーションを巡って書いたものである。自らのライフワークと定めて営々と続けてきた余暇研究は、①労働と余暇、②コミュニティと余暇、③福祉課題としての余暇、④教育と余暇、⑤余暇の理論研究という5つの分野に収斂してきたので、それらを章立てとした。余暇という課題に希望を託しつつ歩んできた一介の余暇学徒のささやかな決算書である。

諸外国と比べると日本の余暇研究はまことに貧弱で、研究の蓄積も不十分だし、制度化もされていない。１９７０年代には週休二日制の進展に伴って余暇産業に注目が集まり、余暇行政が登場し、余暇研究も活性化した。日本レクリエーション学会（後に、日本レジャー・レクリエーション学会となる）や日本余暇学会が誕生したのもこのころで、両学会の創設に参加して、未来の余暇に大いなる希望を抱いたものであった。しかし、芽を出しかけた日本の余暇は、その後の不況や競争社会の中で押し潰され、21世紀になって十年を経た今日、いまだに長時間労働、さらには過労死さえ克服できていない。週35時間労働を実現させ、一か月に及ぶバカンスが常態化した欧米との余暇格差はまことに大きい。

１９９６年に実践女子短大に招かれ、長いこと休眠状態だった「日本余暇学会」を再生させることができた。２０００年に生活福祉学科が創設された時には「余暇と生活福祉コース」を誕生させた。余暇を冠した学科など、全国のどの大学にも存在しない中で、本邦初演の「余暇コース」であり、「余暇生活論」を基軸に、遊戯論、レジャー産業論、観光論、余暇法制などの講義科目が並び、余暇生活相談論や余暇生活援助法などの実習系の科目まで15科目を擁する堂々たる構成だった。初めのうちはそれなりに迎えられた余暇コースだったが、残念ながらその後、順調に発展することはできず、他の大学に波及することもないままに終わってしまった。わが実力と実績の乏しさを嘆くばかりである。

近年、余暇の各論である観光の世界では、国の外客誘致の掛け声もあって、観光学科が叢生し、そこそこ学生も集まっているようだ。しかし、余暇やレジャーそれ自体をテーマとする大学、学部はおろか学科さえいまだ皆無である。２００７年に日本余暇学会会長を引き受けて以来、学会事務局を実践短大に置かせてもらい、余暇研究を楽しく続けてきたが、学科の終焉を機に日本余暇学会は観光系のツーリズム学会と合併することを決断し、今年の六月に「余暇ツーリズム学会」が生まれた。新体制にバトンタッチをして、余暇研究に一句切りをつけたところである。

現役のうちに「余暇学科」の出現を見ることはできなかったが、余暇が時代の転換を促すテーマであるという確信はますます深くなってきた。３・11を経て、われわれの生活も社会のシステムも、根底からの変化を要請されている。その方向は労働の原理ではなく、余暇の原理から導かれるであろう。余暇という希望を手放すことなく、これからはのんびりと豊かに、余暇を巡る実習と論考に親しみたい。

おわりに、これまで余暇学を共にしてくださった研究と実践の仲間たちに、「余暇で忙しい」不幸な夫と父を持った家族たちに、そして余暇を返上して本書の編集に邁進してくださった叢文社の佐藤公美氏に心からの感謝をささげたい。

二〇一二年の猛暑の夏

薗田碩哉

索引

【著者紹介】

薗田碩哉（そのだせきや）

1943 年横浜生まれ、東京大学文学部卒。

（財）日本レクリエーション協会で、広報、調査、人材養成等を担当、1996 年から実践女子短大教授として余暇論・遊戯論等を講じ、2012 年退職。レクリエーション運動史研究で日本体育大学から体育科学博士を授与される。

現在は余暇ツーリズム学会監事、日本福祉文化学会顧問、NPO さんさんくらぶ理事長、東京都町田市社会教育委員の会議議長。

著書は『遊びの文化論』『遊びと仕事の人間学』『余暇学への招待』『余暇の論理』『日本社会とレクリエーション運動』など多数。

『余暇という希望』

発　　行：2012年10月1日　第1刷
著　　者：薗田碩哉
発 行 人：伊藤太文
発 行 元：株式会社 叢文社
112-0014
東京都文京区関口1-47-12
TEL　03-3513-5285
FAX　03-3513-5286
カバーデザイン：小田切章年
編　　集：佐藤公美
印　　刷：モリモト印刷
定価はカバーに表示してあります。
乱丁・落丁についてはお取り替えいたします。

ISBN978-4-7947-0699-7